insel taschenbuch 1489

Mit Rilke durch das alte Prag

CW01637543

Rainer Maria Rilke als Student

Rainer Maria Rilke, geboren am 4. Dezember 1875 in Prag, ist am 29. Dezember 1926 in Valmont (Schweiz) gestorben.
Im Herbst 1895 hat Rilke hundert Gedichte, deren Entstehungszeit bis ins Jahr 1893 zurückgehen kann, zu einer Sammlung vereint, die an Weihnachten unter dem Titel *Larenopfer* im Prager Verlag A. Dominikus (Th. Gauss) erschienen sind und von der Kritik günstig aufgenommen wurden. Die Buchseiten waren mit Zierleisten und Vignetten geschmückt, der Umschlag wurde von Rilkes künstlerisch begabter Freundin Valerie von David-Rhonfeld entworfen. Hier zeigt sich ein buchkünstlerisches Interesse Rilkes, das auch in der späteren Beziehung zum Insel Verlag seine Ausprägung finden sollte.
Die vorliegende Ausgabe der *Larenopfer* versteht sich als poetischer Baedeker, der dem Leser anhand historischer Fotografien das alte Prag erschließen will, das Rilke bei der Abfassung dieser thematisch fast durchweg seiner Heimatstadt verpflichteten Gedichte vor Augen war. Der Herausgeber erläutert die Sujets, die Rilke darstellt, beschreibt die Standorte, die er eingenommen hat, und vermittelt die zum Verständnis der Texte nötigen Hintergrundinformationen. Auf diese Weise ist es dem Leser möglich, Rilkes literarisches Prag-Erlebnis in einer Art mitdichtender Betrachtung nachzuvollziehen.

Mit Rilke durch das alte Prag

Ein historischer Spaziergang
Mit zeitgenössischen Fotografien
zu Rilkes ›Larenopfer‹

Herausgegeben von Hartmut Binder

Insel Verlag

insel taschenbuch 1489
Erste Auflage 1994
Originalausgabe

Vertrieb durch den Suhrkamp Taschenbuch Verlag
Umschlag nach Entwürfen von Willy Fleckhaus
Satz: LibroSatz, Kriftel
Druck: Nomos Verlagsgesellschaft, Baden-Baden
Printed in Germany

1 2 3 4 5 6 – 99 98 97 96 95 94

Inhalt

Rainer Maria Rilke
Larenopfer

Ein historischer Spaziergang
durch das alte Prag
Erläutert von Hartmut Binder

IM ALTEN HAUSE

Im alten Hause; vor mir frei
seh ich ganz Prag in weiter Runde;
tief unten geht die Dämmerstunde
mit lautlos leisem Schritt vorbei.

Die Stadt verschwimmt wie hinter Glas.
Nur hoch, wie ein behelmter Hüne,
ragt klar vor mir die grünspangrüne
Turmkuppel von Sankt Nikolas.

Schon blinzelt da und dort ein Licht
fern auf im schwülen Stadtgebrause. –
Mir ist, daß in dem alten Hause
jetzt eine Stimme ›Amen‹ spricht.

Blick vom Alten Königspalast auf Prag

Kein Prager Privathaus erlaubte einen Blick auf die gesamte, sich »tief unten« erstreckende Stadt mit der *Kleinseitner St. Niklaskirche* im Vordergrund. Dieser war nur vom *k. k. Theresianischen adeligen Damenstift* aus möglich, in dem heute Kanzleien und die Burgpolizei untergebracht sind. Das auf dem *Hradschin* gelegene *(Jirská Nr. 1, Konskriptionsnummer 2/IV)*, von Maria Theresia errichtete Gebäude, dessen der Moldau zugewandten Balkone wegen ihrer Aussicht berühmt waren, bezeichnet Rilke als altes Haus. Auch verweist die von ihm angedeutete religiöse Atmosphäre auf die Insassen des Stifts, denen eine Äbtissin vorstand. Die Abbildung, die im benachbarten *Alten Königspalast* aufgenommen wurde, entspricht ungefähr Rilkes Perspektive und zeigt links im Hintergrund einen der die *Karlsbrücke* im Westen begrenzenden *Kleinseitner Brückentürme*, dessen Steildach die helle Linie des *Quais* am jenseitigen Moldauufer durchschneidet.

AUF DER KLEINSEITE

Alte Häuser, steilgegiebelt,
hohe Türme voll Gebimmel, –
in die engen Höfe liebelt
nur ein winzig Stückchen Himmel.

Und auf jedem Treppenpflocke
müde lächelnd – Amoretten;
hoch am Dache um barocke
Vasen rieseln Rosenketten.

Spinnverwoben ist die Pforte
dort. Verstohlen liest die Sonne
die geheimnisvollen Worte
unter einer Steinmadonne.

Das Palais Kaunitz auf der Kleinseite (Mostecká)

Für die um die Jahrhundertwende in Prag ansässigen deutschen Autoren war nicht das verwinkelte jüdische Ghetto mit seinen Spelunken und Bordellen bevorzugtes Ziel geselliger Spaziergänge oder Ausgangspunkt literarischer Inspiration, sondern *Kleinseite* und *Hradschin*. Die beiden auf dem linken Moldauufer gelegenen Viertel lockten mit ihren verwunschenen, abweisenden Palästen, in denen die Zeit stehenzubleiben schien, ihren zahlreichen Kirchen und alten Bürgerhäusern sowie ihren stillen Plätzen, in denen das Gras zwischen den Pflastersteinen wucherte. Das *Palais Kaunitz* liegt in der *Mostecká*, die dem von der *Karlsbrücke* kommenden Passanten die *Kleinseite (Malá Strana)* eröffnet.

EIN ADELSHAUS

Das Adelshaus mit seiner breiten Rampe:
wie schön will mir sein grauer Glast erscheinen.
Der Gangsteig mit den schlechten Pflastersteinen
und dort, am Eck, die trübe, fette Lampe.

Auf einer Fensterbrüstung nickt ein Tauber,
als wollt er durch den Stoff des Vorhangs gucken;
und Schwalben wohnen in des Torgangs Lucken:
das nenn ich Stimmung, ja, das nenn ich – Zauber.

Haupteingang zur Prager Burg

Wenn Rilke von einem Adelshaus spricht, kann er damit keinen der zahlreichen Prager Paläste meinen, denn keines dieser Gebäude besitzt eine Wagenauffahrt der erwähnten Art. Er muß an die *Prager Burg* selbst, den *Hradschin (Hradčany)*, gedacht haben, der sich dem von der Stadt aufsteigenden Besucher, wie in der Abbildung, zunächst von der *Burgrampe (Ke Hradu)* aus mit seinen im 18. Jahrhundert errichteten Neubauten darbietet. Unter dieser Voraussetzung erklärt sich der im Gedicht erwähnte Torgang: Wer durch den von Tauben (der Tauber ist ein Tauberich) bevölkerten Burgbereich wandert und diesen im Norden oder Osten wieder verläßt, hat insgesamt drei Tore zu durchschreiten.

DER HRADSCHIN

Schau so gerne die verwetterte
Stirn der alten Hofburg an;
schon der Blick des Kindes kletterte
dort hinan.

Und es grüßen selbst die eiligen
Moldauwellen den Hradschin,
von der Brücke sehn die Heiligen
ernst auf ihn.

Und die Türme schaun, die neueren,
alle zu des Veitsturms Knauf
wie die Kinderschar zum teueren
Vater auf.

Blick von der Karlsbrücke auf den Hradschin

Die Brüstung der im 14. Jahrhundert von Peter Parler erbauten *Karlsbrücke* wurde seit dem Anfang des 18. Jahrhunderts mit zahlreichen Steinskulpturen geschmückt, deren dramatisch bewegte Arme zuweilen wie zum Gruß erhoben scheinen. Die Abbildung zeigt die *Kleinseitner Brückentürme* mit der dazwischen sichtbaren *St. Niklaskirche.* Rechts im Hintergrund die langgestreckte Front der *Prager Burg*, die im Gedicht als deren »Stirn« bezeichnet wird. Darüber erhebt sich der *St. Veitsdom*, und zwar in der Gestalt, in der ihn Rilke erblickte, als er die ›Larenopfer‹ schrieb. Man sieht den hauptsächlich dem 15. und 16. Jahrhundert entstammenden Südturm, dessen Spitze Rilke dem damaligen Sprachgebrauch entsprechend als Knauf bezeichnet. Links daneben, eingerüstet, die beiden neugotischen »Kinder« des heutigen Uhrturms. Die Westfassade wurde erst 1929 fertiggestellt.

BEI ST. VEIT

Gern steh ich vor dem alten Dom;
wie Moder weht es dort, wie Fäule,
und jedes Fenster, jede Säule
spricht noch ihr eignes Idiom.

Da hockt ein reichgeschnörkelt Haus
und lächelt Rokoko-Erotik,
und hart daneben streckt die Gotik
die dürren Hände betend aus.

Jetzt wird mir klar der casus rei;
ein Gleichnis ists aus alten Zeiten:
der Herr Abbé hier – ihm zuseiten
die Dame des roi soleil.

Die Südfront des St. Veitsdoms

Die Abbildung zeigt den *St. Veitsdom*, der sich inmitten der *Prager Burg* erhebt, und zwar in der Gestalt, in der ihn der junge Rilke sah, also noch ohne vollendetes Langhaus und Westwerk. Die Abbildung aus dem Ende des 19. Jahrhunderts läßt erkennen, daß jedes Bauteil sein eigenes »Idiom« spricht: Der Chor wurde zwischen 1344 und 1352 errichtet, das Südportal mit der dreiteiligen Vorhalle stammt aus der zweiten Hälfte des 14. Jahrhunderts, während das darüberliegende Maßwerkfenster erst im 19. Jahrhundert geschaffen wurde. Die beiden Obergeschosse des Südturms sind dagegen ein Werk des frühen 15., das Dach des 16. Jahrhunderts.

IM DOME

Wie von Steinen rings, von Erzen
weit der Wände Wölbung funkelt,
eine Heilge, braungedunkelt,
dämmert hinter trüben Kerzen.

Von der Decke, rundgemauert,
schwebt ob eines Engels Kopfe
hell ein weißer Silbertropfe,
drin ein ewig Lichtlein kauert.

Und im Eck, wo Goldgeglaste
niederhangt in staubgen Klumpen,
steht in Schmutz gehüllt und Lumpen
still ein Kind der Bettlerkaste.

Von dem ganzen Glanze floß ihm
in die Brust kein Fünkchen Segen ...
Zitternd, matt, streckts mir entgegen
seine Hand mit leisem: »Prosim!«

Blick in den St. Veitsdom

Die erste Strophe des Gedichts bezieht sich einerseits auf das den Chor von *St. Veit (chrám svatého Víta)* umlaufende Triforium, dessen Innenseite von Peter Parler mit steinernen Porträtbüsten ausgestaltet wurde, die Persönlichkeiten des öffentlichen Lebens darstellen; andererseits auf die um 1700 geschaffenen vergoldeten Statuen der böhmischen Landespatrone, von Rilke als Erze bezeichnet, die an den Außenseiten der Chorpfeiler angebracht waren und erst 1928 auf die Vierungspfeiler übertragen wurden. Die rundgemauerte Decke in der zweiten Strophe meint das von Peter Parler geschaffene, architekturgeschichtlich bedeutsame Netzgewölbe des Chors. »Prosím!« (tschechisch): »Bitte!«

IN DER KAPELLE ST. WENZELS

Alle Wände in der Halle
voll des Prachtgesteins; wer wüßte
sie zu nennen: Bergkristalle,
Rauchtopase, Amethyste.

Zauberhell wie ein Mirakel
glänzt der Raum im Lichtgetänzel,
unterm goldnen Tabernakel
ruht der Staub des heilgen Wenzel.

Ganz von Leuchten bis zum Scheitel
ist die Kuppel voll, die hohle;
und der Goldglast sieht sich eitel
in die gelben Karneole.

Die Wenzelskapelle in St. Veit

In der im 14. Jahrhundert errichteten *Wenzelskapelle*, deren Wände mit Halbedelsteinen und vergoldetem Stuck überzogen sind, ruhen die Gebeine des 929 ermordeten böhmischen Königs Wenzel I. Der Sarkophag wurde 1420 von König Sigismund seines Goldes beraubt, seine Überreste 1913 in die Frontseite eines neugeschaffenen Altars eingesetzt. Das darauf befindliche schmiedeeiserne Sakramentshäuschen, von dem die tägliche Meßfeier im *Dom* ihren Ausgang nahm, war ursprünglich vergoldet.

VOM LUGAUS

Dort seh ich Türme, kuppig bald wie Eicheln
und jene wieder spitz wie schlanke Birnen;
dort liegt die Stadt; an ihre tausend Stirnen
schmiegt sich der Abend schon mit leisem Schmeicheln.

Weit streckt sie ihren schwarzen Leib. Ganz hinten,
sieh, St. Mariens Doppeltürme blitzen.
Ists nicht: sie saugte durch zwei Fühlerspitzen
in sich des Himmels violette Tinten?

Blick auf den Haupteingang der Prager Burg

Der genaue Standort des Betrachters im Gedicht ist mit Hilfe von Rilkes ›König Bohusch‹ (1899) zu bestimmen: An der Stelle, wo die *Schloßrampe (Ke Hradu)* in den *Hradschiner Platz (Hradčanské náměstí)* übergeht, heißt es in dieser Erzählung, sei eine Lücke in der Bebauung geblieben, ein lichter »Lugaus«, hinter der »tief drinnen [. . .] in herrlichen Panoramen« Prag liege, das »reiche, riesige Epos der Baukunst«. Die Abbildung zeigt diesen Aussichtspunkt aus der Perspektive des auf der anderen Seite des *Hradschiner Platzes* gelegenen *Erzbischöflichen Palais (Arcibiskupský palác)*. Man erkennt links in der Aussparung den oberen Teil der Kuppel und die Türme der auf der *Kleinseite* liegenden *St. Niklaskirche (kostel svatého Mikuláše)*, ganz rechts, in der Ecke und sehr klein, die beiden Turmspitzen der Kirche *Maria am Teyn* auf dem *Altstädter Ringplatz (Staroměstské náměstí)*.

DER BAU

(1)

Die moderne Bauschablone
will mir wahrlich gar nicht passen.
Hier, dies alte Haus darf fassen
reiche, weite Steinterrassen,
kleine, heimliche Balkone.

Und die weitgewölbten Decken,
die so günstig sind den Lauten,
Nischen rings, die eingebauten,
draus die Arme sich der trauten
Dämmrung dir entgegenstrecken.

Alle Mauern breiter, stärker
und aus echten Quaderkernen; –
traun, das Gruseln könnt ich lernen,
seh ich auf die Zinskasernen
aus dem kleinen, stillen Erker.

Rilkes großelterliches Haus in der Herrengasse

Das 1930 abgerissene Barock-Palais in der Prager *Herrengasse (Panská) Nr. 8 (Konskriptionsnummer 894)* wurde von Rilkes Urgroßvater Carl Kinzelberger erworben. Seine Tochter Caroline (1828-1927) heiratete den Fabrikanten und Kaiserlichen Rat Carl Entz (1820-1895). Die dieser Ehe entstammende Tochter Sophie, Rilkes Mutter (1851-1931), heiratete 1873 den Eisenbahn-Inspektor Josef Rilke (1838-1906). Nach der 1884 erfolgten Trennung der Eltern wohnten Sophie und ihr Sohn bis zum Sommer 1886 in der großelterlichen Wohnung im zweiten Stock dieses Hauses, deren überdachte Flure (»weite Steinterrassen«) auf der Hofseite, die in Prag Pawlatschen (von it. parvola loggia) genannt werden, im Gedicht Erwähnung finden. Der Erker in der Schlußzeile verdankt sich dagegen dichterischer Freiheit.

IM STÜBCHEN

(2)

Traut ists, wenn verstohlen heulen
im Kamine wilde Winde,
in der Stube; ganz gelinde
tickt auf dem barocken Spinde
fort die Stockuhr mit den Säulen.

Dort, die kleine Silhouette
zeigt die alte Tracht der Locken,
tief im Fenster steht ein Rocken,
und vergeßne Töne stocken
im verlassenen Spinette.

Immer noch liegt die Postille,
daß an ihrem Geist erfrische
jung und alt sich, auf dem Tische,
und der Spruch ob jener Nische
lautet: ›Es gescheh Dein Wille . . .‹

Rilkes Geburtshaus (zweites Gebäude von links)

Rilke, »ein Siebenmonatskind«, wurde am 4. Dezember 1875 in dem Haus *Heinrichsgasse (Jindřišská) Nr. 17 (Konskriptionsnummer 889)* in Prag geboren, das 1924 durch den heutigen Neubau ersetzt wurde. Die Mutter, eine eifrige Katholikin, lehrte ihn früh, das Kreuz des Heilands zu küssen, kniete am Christfest mit ihm gemeinsam auf dem Betschemel und erklärte ihm, wie man mit Heiligen umzugehen habe, die als gedruckter Wandschmuck in der Wohnung gegenwärtig waren. Rilke bekannte später: »Das Göttliche: ich bin dort gewesen, immer schon, schon als Kind, und komme gehend davon her.«

ZAUBER

(3)

Oft seh ich die heimliche Stube belebt,
so lebhaft erzählen die Wände;
ein liebliches Mädchen, halb Kind noch, hebt
dort zu der Madonna die Hände.

Ein tüchtiger Junge beim Vater steht,
der viel zu des Hauses Gewinn tat.
An huben sie flüsternd das Abendgebet,
und Mutter läßt ruhen das Spinnrad.

Da deucht mich, es wird wohl das Auge naß
sogar der Madonne im Rahmen.
Ich lausche: – Laut von des Vaters Baß
ertönt das versöhnende: »Amen«.

Rilke als Gymnasiast

Im Blick auf seinen unglücklichen Aufenthalt in der Militärunterrealschule in St. Pölten (1886-1890) schrieb Rilke, der seit seinem neunten Lebensjahr schriftstellerisch tätig war, später an seine Frau, damals sei der liebe Gott gewiß im Zweifel gewesen, ob er seine Phantasietätigkeit streichen sollte oder die Reitstunden, die zu einem Debakel geführt hatten: »Ich war sechzehn oder siebzehn Jahre, und er überlegte und ließ mir die Einbilderei, um zu sehen, ob ich nicht im Älterwerden lerne, sie besser zu gebrauchen. Wenn ich ihn davon eines Tages überzeugen könnte, – ob er mir dann wohl die Reitstunden zurückgibt?«

EIN ANDERES

(4)

Naht der Sohn mit schwerem Schritt
seinem Vater. Schwer die Zunge . . .
»Wirklich, was, ein Bräutchen, Junge?!
Vorwärts, nur herein damit!«

Und da steht zum ersten Mal
jetzt das Mädchen rot und stille;
und der Vater putzt die Brille:
»Teufel! Gut war deine Wahl!«

Und er streckt die Arme aus,
und das Bräutchen nimmt verlegen
seinen Kuß und seinen Segen . . .
Davon weiß das alte Haus.

Rilkes Eltern

Josef Rilke (1838-1906) absolvierte militärische Bildungsanstalten, in denen er sich vor allem sportlich hervortat, und war im Jahre 1859, während des Italien-Feldzugs der Österreicher, Kommandant des Kastells von Brescia. Da er nicht zum Offizier befördert wurde, schied er 1865 enttäuscht aus der Armee aus, behielt aber seine Vorliebe für das Soldatenleben bei, die er, zunächst erfolgreich, seinem Sohn vermittelte: Nicht nur zeigen Rilkes Phantasien, seine Kinder-Zeichnungen, Briefe und literarischen Hervorbringungen der Frühzeit vielfach militärische Sujets, er entschloß sich vielmehr auch bereits im Alter von zehn Jahren, sich zum Offizier ausbilden zu lassen.

NOCH EINES

(5)

Auch dem blonden Kinde kam es
in sein Herz, sein waldseereines,
wie das dunkle Ahnen eines
großen Glückes oder Grames.

Und die Mutter ließ das Rädchen
stocken. – »Kind, was macht dich leiden?«
Stürmisch schluchzend schwieg das Mädchen:
doch verstanden sich die beiden.

Kurz darauf: Am Pförtchen pochte
junger Herr. – »Wollt ihr euch?« – Pause. –
Ob! – Wer da noch fragen mochte!? –
So geschahs im alten Hause.

Valerie von David-Rohnfeld als Kind

Im Januar 1893 lernte Rilke die um ein Jahr ältere Valerie von David-Rohnfeld kennen und lieben. Er hatte inzwischen seine militärische Ausbildung in St. Pölten und Mährisch-Weißkirchen abgebrochen und auch den Versuch aufgeben müssen, an der Handelsakademie in Linz die Hochschulreife zu erwerben. So begann er im Herbst 1892, sich in seiner Heimatstadt durch Privatstunden, die sein Onkel Jaroslav von Rilke ermöglicht hatte, auf das Abitur vorzubereiten. Rilke widmete der Freundin, die ihm beim Lernen half, seinen lyrischen Erstling ›Leben und Lieder‹ (1894), der mit ihrer finanziellen Unterstützung gedruckt wurde. Ende 1895 brach Rilke die Beziehung ab.

UND DAS LETZTE

(6)

Still heut die Stube. – Weiß wie Kalk
ist Frauchens Antlitz. Müd und lustlos
ihr feuchtes Auge; halb bewußtlos
lehnt sie bei Vaters Katafalk.

Zuseiten ihr der Gatte kann
sie trösten mehr in keiner Weise;
nun faßt er ihre Hände leise
und sieht sie ernst und bittend an.

»Mein Mütterchen, nimm diesen Strauß!«
tönt türher hell das Wort des Kleinen;
da glimmt ein Lächeln durch ihr Weinen,
und Trost geht durch das alte Haus.

Das Portal des großelterlichen Hauses

Als die Familie das Haus in der Prager *Herrengasse Nr. 8* verkaufte, nahm Rilkes Mutter die Lampe über dem Portal, die als ewiges Licht gedient hatte, und das dahinter befindliche Madonnenbild ab und brachte beides in die gegenüber dem Schlößchen von Muzot gelegene Kapelle *St. Anne de Muzot*, die Rilke aus Anlaß seines fünfzigsten Geburtstags hatte renovieren lassen. Rilke hat den Walliser Schloßturm in Muzot bei Sierre (Wallis) im Sommer 1921 bezogen und dort die ›Duineser Elegien‹ abgeschlossen und die ›Sonette an Orpheus‹ geschrieben.

IM ERKERSTÜBCHEN

(7)

Nicht zu sehn das Alltagstreiben,
flieh ich – wie wenn ich ein Strauß wär –
in das alte, alte Haus her;
lang dann seh ich nicht hinaus mehr
durch die breit verbleiten Scheiben.

Schlichtheit war der Väter Aussaat,
Glück die Frucht, die sie gefunden;
sitz so träumend manche Stunden
dort im Polsterstuhl, im runden,
mitten in Urväterhausrat.

Rilkes Domizil in der Wassergasse (zweites Haus von links)

Weil seine Mutter es vorzog, in Wien zu leben, wohnte Rilke seit Herbst 1892 bei seiner Tante Gabriele von Kutschera-Woborsky, der Schwester seines Vaters, in der *Wassergasse (Vodičkova) Nr. 15 (Konskriptionsnummer 736)*. In der im ersten Stock gelegenen Wohnung hatte er ein kleines Hofzimmer inne, das, wie sich Valerie von David-Rhonfeld erinnerte, lediglich »auf eine hohe Mauerwand« Aussicht gewährte: »kein Strahl Sonne drang in jenen Raum, und die Luft war durch das ewige Klopfen von großen und kleinen Teppichen aus den Vorderhäusern verpestet«.

DER NOVEMBERTAG

Kalter Herbst vermag den Tag zu knebeln,
seine tausend Jubelstimmen schweigen;
hoch vom Domturm wimmern gar so eigen
Sterbeglocken in Novembernebeln.

Auf den nassen Dächern liegt verschlafen
weißes Dunstlicht; und mit kalten Händen
greift der Sturm in des Kamines Wänden
eines Totenkarmens Schlußoktaven.

Blick von der Letná auf Prag

Der Blick von den am linken Moldauufer gelegenen *Kronprinz-Rudolfs-Anlagen* (der *Letná*) auf die *Kleinseite*, die Moldau und die links im Hintergrund sichtbare *Altstadt* verrät etwas von der Eigenart der in der Stadt herrschenden Lichtverhältnisse, auf die Rilke in den ›Larenopfern‹ mehrfach zu sprechen kommt. Wenn die tief im Westen stehende Sonne (im Bild rechts) durch die Wolken bricht, entstehen auf der Wasseroberfläche, auf den farblich hervorgehobenen Firstziegeln, den hellen Hausgiebeln sowie den kupfernen Dächern der Türme und Kirchenkuppeln intensive Reflexwirkungen von großem Reiz.

IM STRASSENKAPELLCHEN

Bei St. Loretto da brennt ein Licht
vorm Bilde im Straßenkapellchen;
und um das Wandbild schmiegen sich dicht
Blechblumen mit farbigen Kelchen.

Die Heiligen machen ein übel Gesicht;
denn der Sturmwind, der hastige Knab, hat
nicht Achtung für sie; bei Loretto das Licht
schaut fromm in den dämmernden Sabbat.

Die St. Barbara-Kapelle

Die 1726 errichtete *St. Barbara-Kapelle (kaple svaté Barbory)* liegt in der *Lorettogasse (Loretánská)* am Rande des Wallfahrtsheiligtums *Maria-Loretto (Loreta)*. Auf dem Fresko im Innern ist als einzige Heiligenfigur die Schutzpatronin der Kapelle dargestellt, doch befinden sich links und rechts hinter dem Eisengitter leere Nischen, die zu Rilkes Zeit mit Skulpturen geschmückt gewesen sein dürften.

DAS KLOSTER

Im Dämmerdustgeschwel
ist schon die Stadt zerronnen,
hoch steht das Haus der Nonnen
des Ordens vom Karmel.

Der Abend hüpft hangab
vorbei mit Feuergarben
und windet tausend Farben
um jeden Fensterstab.

Er schmückt das düstre Haus
umsonst mit Lichtgeglänze:
so sehen frische Kränze
auf Leichensteinen aus.

Das Karmeliterinnen-Kloster auf dem Hradschin

Der an der Südseite des *Hradschiner Platzes (Hradčanské náměstí)* liegende Gebäudekomplex des ehemaligen *Karmeliterinnen-Klosters (Konskriptionsnummer 183)* mit der *St. Benedikt-Kirche (kostel svatého Benedikta)* wurde am Ende des 18. Jahrhunderts von den Karmeliterinnen übernommen, gehörte aber zuvor dem Orden der Barnabiterinnen, dessen Prager Geschicke Rilke seiner Erzählung ›König Bohusch‹ (1899) einverwoben hat. Er schildert hier die Strenge der Ordensregeln, die bewirken, daß die sich ihnen unterwerfenden Nonnen gleichsam bei lebendigem Leib begraben waren. Deswegen spricht er in seinem Gedicht angesichts der Klostermauern von »Leichensteinen«.

BEI DEN KAPUZINERN

Es hat der Pater Guardian
vom Klosterschnaps mir angeboten;
ich kenn ihn schon, den dunkelroten,
der alle Toten wecken kann.

Der Pater sucht den Schlüssel, klein,
dort, wo des Sacktuchs Zipfe blauten,
und holt den Schatz, den selbstgebrauten,
hervor aus dem Reliquienschrein.

Und wie er einschenkt, lacht er feist
und spricht: »Zu Staub sind die Gebeine,
die einstens ruhten in dem Schreine,
doch uns erhalten blieb – – – der Geist!«

Das Kapuziner-Kloster auf dem Hradschin

Das Prager *Kapuziner-Kloster* an der Nordseite des *Loretto-Platzes (Loretánské náměstí)* wurde im Jahr 1600 gegründet und in der Mitte des 17. Jahrhunderts um eine *Marienkirche* erweitert. In einem zeitgenössischen Bericht heißt es über das Kloster, das auf Wunsch besichtigt werden konnte: »Das Haus mit den vielen, vom Maurer in die Straßenwände sorgfältig eingepickten, seinerzeit aufgefundenen Eisenkugeln der schwedischen Kanonen ist vielen Pragern bekannt, aber auch der verschlossene Garten ist wert gesehen zu werden. Auf das Läuten des Glockenzuges öffnete ein würdiger, graubärtiger Pater und machte den Führer durch einen langen, ziegelgepflasterten und holzgedeckten Gang an einem wunderlichen, im Quadrat gebauten Kreuzgang vorüber, in den Garten.«

ABEND

Einsam hinterm letzten Haus
geht die rote Sonne schlafen,
und in ernste Schlußoktaven
klingt des Tages Jubel aus.

Lose Lichter haschen spät
noch sich auf den Dächerkanten,
wenn die Nacht schon Diamanten
in die blauen Fernen sät.

Blick auf Altstädter Brückenturm und Hradschin

Der Standort des Betrachters befindet sich auf dem *Kreuzherren-Platz (Křižovnické náměstí)*. Links der *Altstädter Brückenturm*, in dessen Torbogen die Silhouette der Kleinseitner *St. Niklaskirche* sichtbar wird. Rechts im Hintergrund der *St. Veitsdom* auf dem *Hradschin*.

JAR. VRCHLICKÝ

Ich lehn im Armstuhl, im bequemen,
wo oft ich Ungemach vergaß,
müd nicken krause Chrysanthemen
im hohen Venezianerglas.

Ich las in einem Band Gedichte
gar lange; wie die Zeit entschwand!
Jetzt erst im Abenddämmerlichte
leg ich sie selig aus der Hand.

Mir ist, von göttlichen Problemen
hätt ich die Lösung jetzt erlauscht, –
hat mich der Hauch der Chrysanthemen,
hat mich Vrchlickýs Buch berauscht?

Jaroslav Vrchlický (1896)

Jaroslav Vrchlický (1853-1912) war der berühmteste tschechische Schriftsteller seiner Zeit. Kosmopolitisch denkend, lehnte er es ab, sich in den Dienst kurzsichtiger und kurzlebiger Tagespolitik zu stellen. Für die ›Larenopfer‹, die Rilke ihm mit einer handschriftlichen Widmung schickte, hatte er Worte der »Anerkennung«, die diesen rührten und stolz machten. Rilke schrieb später über ihn: »Er hat eine ganz enorme Arbeit geleistet und in der jungen Sprache seines Volkes gedichtet, als ob es eine alte Kultursprache wäre. Uns heutigen scheint er unmodern, zu sehr Eklektiker mit klassizistischen Empfindungen.«
Wahrscheinlich las Rilke das Werk Vrchlickýs in deutschen Übersetzungen, die gerade erschienen waren.

IM KREUZGANG VON LORETTO

Still ist es in dem Kreuzgang, in dem alten,
wo über krausen Säulenarabesken
herniederschaun aus halbverwischten Fresken
geheimnisvolle Heiligengestalten.

Wo eine Wachsmadonna, die man zeiht
so manchen gnadenvollen Heilmirakels,
prangt hinterm grauen Glas des Tabernakels
im silberübersäten Seidenkleid.

Spannt über Blättergold Spätsommerhaar
sich draußen auch im Klosterhof Lorettos, –
vor einem Bild im Stile Tintorettos
steht selig still ein junges Liebespaar.

Prozessionsgang in Maria-Loretto

Im Gefolge der Gegenreformation wurde in den Jahren 1616-1631 auf der Prager *Burgstadt* nach dem Vorbild des von Bramante in Loreta geschaffenen Baus eine *Casa Santa* errichtet, deren Inneres eine Nachbildung des Hauses darstellt, das der Legende zufolge von der heiligen Familie in Nazareth bewohnt wurde. Das der Gottesmutter geweihte Wallfahrtsheiligtum wurde bald durch einen Umgang für Prozessionen erweitert, der von Felix Anton Scheffler (1701-1760) ausgemalt wurde. Seine pflanzlich ornamentierten Pilaster setzen sich in Arkadenbögen fort, die sich an ihrem Ende einrollen und die Scheitelsteine mit schneckenförmigen Ausformungen zwischen sich nehmen.

DER JUNGE BILDNER

Ich muß nach Rom; in unser Städtchen
kehr ich aufs Jahr mit Ruhm zurück;
nicht weinen; sieh, geliebtes Mädchen,
ich mach in Rom mein Meisterstück.

Er sprachs; dann zog er fort im Rausche
durch jene Welt, die er erhofft;
doch war ihm, seine Seele lausche
auf einen innern Vorwurf oft.

Die Unrast trieb ihn heim, die arge:
Er bildete mit nassem Blick
sein armes, fahles Lieb im Sarge,
und das – das war sein Meisterstück.

Das Gnadenbild in der Casa Santa

Die im vorigen Gedicht erwähnte »Wachsmadonna« meint die Lindenholzstatue der Jungfrau Maria in der *Casa Santa* von *Maria-Loretto.* Das Gnadenbild, das von einem Kranz geflügelter Engelsköpfe aus Silberblech und einem silbernen Strahlenkranz umgeben ist, befindet sich in einem 1671 gefertigten Silberaltar, vor dem ein aus Silber getriebenes Tabernakel aus dem Jahr 1684 steht.
›Der junge Bildner‹ scheint Sehnsüchte Rilkes zu verwirklichen. Seitdem Rilke im Alter von acht und neun Jahren in Istrien und Friaul Ferien gemacht hatte, liebte er Italien wegen »seiner deutlichen Vielfalt und Formfülle«, die er als »Fibel« seines »beweglichen Daseins« verstand.

FRÜHLING

Die Vögel jubeln – lichtgeweckt –,
die blauen Weiten füllt der Schall aus;
im Kaiserpark das alte Ballhaus
ist ganz mit Blüten überdeckt.

Die Sonne schreibt sich hoffnungsvoll
ins junge Gras mit großen Lettern.
Nur dorten unter welken Blättern
seufzt traurig noch ein Steinapoll.

Da naht ein Lüftchen, fegt im Tanz
hinweg das gelbe Blattgeranke
und legt um seine Stirn, die blanke,
den blauenden Syringenkranz.

Das Ballhaus im Kaisergarten

Der ehemalige *Kaisergarten (Královská zahrada)*, der sich an der Nordseite der *Prager Burg* erstreckt, wurde 1534 von Kaiser Ferdinand I. angelegt, von seinen Nachfolgern ausgestaltet und im Lauf des 19. Jahrhunderts in einen englischen Park verwandelt, der während Rilkes Jugendzeit ziemlich verwahrlost war. Das von Ferdinand II. erbaute *Ballhaus (Míčovna)*, das Rilke als Militär-Magazin sah, wurde am Ende des Zweiten Weltkriegs zerstört und danach rekonstruiert. Der 1897 geschlossene *Kaisergarten* ist neuerdings der Öffentlichkeit wieder zugänglich. Über seine Empfänglichkeit Natureindrücken gegenüber schrieb Rilke Ende März 1896 an Láska von Oestéren: »Ich bin willenlos in den Banden der Stimmung. Weil heut ein blauer Märztag ist, und die Sonne so hell hereingreift mit ihren goldenen Strahlenfingern, und weil die Straße still ist und das Herz voller Sabbathruh – so muß ich entweder weinen, beten – oder Ihnen schreiben.«

LAND UND VOLK

... Gott war guter Laune. Geizen
ist doch wohl nicht seine Art;
und er lächelte: da ward
Böhmen, reich an tausend Reizen.

Wie erstarrtes Licht liegt Weizen
zwischen Bergen, waldbehaart,
und der Baum, den dichtgeschart
Früchte drücken, fordert Spreizen.

Gott gab Hütten; voll von Schafen
Ställe; und der Dirne klafft
vor Gesundheit fast das Mieder.

Gab den Burschen all, den braven,
in die rauhe Faust die Kraft,
in das Herz – die Heimatlieder.

Blick auf den Schloßberg bei Böhmisch-Kamnitz (rechts)

Zu den Sommerfrischen in Böhmen, in denen sich Rilke während seiner Kinder- und Jugendjahre aufhielt, gehörte auch *Böhmisch-Kamnitz (Česká Kamenice)* im Kreis *Tetschen (Děčín)*. Am 4. September 1892 besuchte er die in der Nähe des Ortes gelegene *Schloßberg-Ruine*, die ihn zu einem Gedicht inspirierte. Es fand in erweiterter Form Aufnahme in seinen lyrischen Erstling ›Leben und Lieder‹ (1894) und rühmt Böhmens Hain und Flur, Tal und Wald aus abendlicher Schau.
Spreizen sind Stützen aus Holz oder Metall für fruchttragende Obstäste.

DER ENGEL

Hin geh ich durch die Malvasinka
die Kinderreih, wo sanft und gut
die kleine Anka oder Ninka
in ihrem letzten Bettchen ruht.

Auf einem schmalen Schollenhügel
kniet, ganz versteckt in hohem Mohn,
mit staubigem, gebrochnem Flügel
ein Engelchen aus rohem Thon.

Das flügellahme Kindchen flößte
mir Mitleid ein, – das arme Ding . . .
Da, sieh! Von seinen Lippen löste
sich leicht ein kleiner Schmetterling. –

Auf dem Malvazinka-Friedhof

Auf dem 1876 angelegten *Malvazinka-Friedhof (hřbitov Na Malvazinkách)* in *Prag-Smichow (Praha-Smíchov)* am linken Moldauufer pflegt sich der Titelheld in Rilkes Erzählung ›König Bohusch‹ (1899) mit seiner Freundin Frantischka zu treffen: »Dort, wo die grünen Kreuze stehen, eins wie das andere. Lauter Kinder liegen dort, und auf den schmalen Blechtafeln steht immer nur irgend ein Vorname, ›der kleine Karel‹ oder ›die kleine Marie‹, und ein Gebet dabei. So ist das dort.«

ALLERSEELEN

I

Rings liegt der Tag von Allerseelen
voll Wehmut und voll Blütenduft,
und hundert bunte Lichter schwelen
vom Feld des Friedens in die Luft.

Sie senden Palmen heut und Rosen;
der Gärtner ordnet sie mit Sinn –
und kehrt zum Eck der Glaubenslosen
die alten, welken Blumen hin.

Allerseelen auf den Wolschaner Friedhöfen

Das riesige Areal der zehn *Wolschaner Friedhöfe (Olšanské hřbitovy)* in *Praha-Strašnice*, zu dem auch eine Abteilung für Selbstmörder und Hingerichtete gehörte, wurde 1680 als Pestfriedhof angelegt und dient seit 1784 als zentrale Begräbnisstätte für die Bürger der rechten Moldauseite. Auf dem II. Friedhof (Abteilung 8, Nr. 43) liegt das Familiengrab der Rilkes. Dort sind unter anderem beigesetzt Rilkes Vater Josef Rilke (1838-1906), sein Onkel Jaroslav von Rilke (1833-1892) sowie dessen frühverstorbene Söhne Max (1868-1891) und Egon (1873-1880), der Rilke »unbegreiflich ergreifend geblieben ist« und als Vorbild für die Gestalt Erik Brahes in den ›Aufzeichnungen des Malte Laurids Brigge‹ (1910) diente.

II

»Jetzt beten, Willy, – und nicht reden!«
Mit großem Aug gehorcht der Knab.
Der Vater legt den Kranz Reseden
auf seines armen Weibes Grab.

»Die Mutter schläft hier! Mach ein Kreuz nun!«
Klein-Willy sieht empor und macht
wie ihm befohlen. Ach, ihn reuts nun,
daß er am Weg heraus gelacht!

Es sticht im Auge ihn – wie Weinen ...
Dann gehn sie heimwärts durch die Nacht;
ganz ernst und stumm. Da lockt den Kleinen
beim Ausgang jäh der Buden Pracht.

Es blinkt durch den Novembernebel
herüber lichtbeglänzter Tand;
er sieht dort Pferdchen, Helme, Säbel
und küßt dem Vater leis die Hand.

Und der versteht. Dann gehn sie weiter ...
Der Vater sieht so traurig aus. –
Doch einen Pfefferkuchenreiter
schleppt Willy selig sich nach Haus.

Verkaufsbuden vor den Wolschaner Friedhöfen

Vor den Eingängen der *Wolschaner Friedhöfe* wurde zu Rilkes Zeit und noch in der Ersten Tschechoslowakischen Republik an Allerseelen ein Jahrmarkt abgehalten, der sein Publikum in den zahlreichen katholischen Besuchern fand, die an diesem Tag die Gräber ihrer Angehörigen aufzusuchen pflegten.

BEI NACHT

Weit über Prag ist riesengroß
der Kelch der Nacht schon aufgegangen;
der Sonnenfalter barg sein Prangen
in ihrem kühlen Blütenschooß.

Hoch grinst der Mond, der schlaue Gnom,
und neckend streut er das Gesträhne
der weißen Silberhobelspäne
hernieder in den Moldaustrom.

Da plötzlich, wie beleidigt, hat
zurückgerufen er die Strahlen,
weil er gewahr ward des Rivalen:
der Turmuhr helles Stundenblatt.

Blick auf Karlsbrücke und Altstadt

Das Foto – der Standort des Betrachters liegt auf der Insel *Kampa* – zeigt die sich in der Moldau spiegelnden Lampen der *Karlsbrücke* und dahinter den *Altstädter Brückenturm* sowie die Kuppel der *Kreuzherrenkirche (kostel Františka Serafinského)*. Ganz rechts im Bild der zu den ehemaligen *Altstädter Mühlen* gehörige *Wasserturm* von 1489, der 1884 seine heutige Gestalt erhielt.
Infolge des breiten, Prag in zwei Hälften teilenden Moldautals ist dem am Flußufer stehenden Betrachter ein ungewöhnlich ausgedehnter Himmel vor Augen, den Rilke mit dem Adjektiv »riesengroß« einfängt. Wenn er, wie beispielsweise in Rußland und Paris, die ganze Weite des Firmaments sehen konnte, fühlte er sich gewissermaßen zu Hause.

ABEND

Der Abend naht. – Die klare Zone
der Stirne schmückt ein goldner Reifen,
und tausend Schattenhände greifen
verstohlen nach der roten Krone.

Die ersten, blassen Sterne liebeln
ihm zu; er steht hoch am Hradschine
und schaut mit ernster Träumermiene
die Türme und die grauen Giebeln.

Der Hradschin in der Abenddämmerung

Der Blick des Betrachters, der sich vor dem *Belvedere*, dem *Lustschloß der Königin Anna (Královský letohrádek)* befindet, ruht auf dem *St. Veitsdom* und der *St. Georgs-Kirche* (links), die ebenfalls innerhalb des Prager Burgbereichs liegt.

In Rilkes Erzählung ›König Bohusch‹ beobachten die Titelgestalt und ihr Begleiter an einem Frühlingsabend vom *Franzensquai (Smetanovo nábřeží)* aus die von der untergehenden Sonne hervorgebrachten Lichtwirkungen. Nachdem sie verloschen ist, heißt es: »Dann steht nur noch der Turm von St. Veit in seinem ewigen greisen Grau aufrecht da. ›Er ist wirklich ein Wahrzeichen‹, sagt Bohusch zu dem schweigsamen Studenten. ›Er überdauert jedes Dämmern und ist immer ganz gleich. Ich meine in der Farbe. Nicht?‹«

AUF DEM WOLSCHAN

Am Abend des Tages von Allerseelen

I

Die dürren Äste übergittern
des Himmels abendblasse Scheiben;
und über Grüfte, reich mit Flittern
geschmückt, geht Wehmut, und es zittern
die Lichter durch das Blättertreiben.

Im müden Blau, im regungslosen,
schwimmt fern der Mond. Die Lebensbäume,
die seine blanke Stirne kosen,
sind schwarz. Der Duft von welken Rosen
schleicht her wie Geister toter Träume.

II

Ferner Lärm vom Wagendamm. –
Hier keimt Friede und Vergessen,
zwischen zweien Grabzypressen
hangt der Mond wie ein Tam-Tam.

Schlägt die Ewigkeit nicht sacht
jetzt daran mit schwarzem Schwengel?
Bange schaut ein Marmorengel
in das Aug der Spätherbstnacht.

Auf den Wolschaner Friedhöfen

Gedichte, die das Thema der Vergänglichkeit thematisieren, gehören zu den frühesten erhaltenen dichterischen Zeugnissen Rilkes. Schon der dreizehnjährige Zögling der Militärunterrealschule in St. Pölten, wo ihm eine kleine Kirchhofsecke im Anstaltsgarten zum bevorzugten Aufenthaltsort wurde, schrieb Gedichte, die ›Allerseelen‹, ›Der Friedhof‹, ›Das Grabmal‹, ›Die Waise‹ oder ›Resignation‹ als Überschrift tragen.
Mit Valerie von David-Rhonfeld besuchte Rilke mehrfach den nur noch in Restbeständen erhaltenen und schwer zugänglichen *Alten jüdischen Friedhof* in *Praha-Žižkov* (Eingang in der *Fibichová*), in dem Eleonore Zeyer, die 1881 verstorbene Großmutter seiner Freundin, begraben war. Eleonore, über die Rilke ein Gedicht geschrieben hat, war der Talisman der Liebenden, der insbesondere auch den erfolgreichen Abschluß seiner Gymnasialausbildung garantieren sollte.

WINTERMORGEN

Der Wasserfall ist eingefroren,
die Dohlen hocken hart am Teich.
Mein schönes Lieb hat rote Ohren
und sinnt auf einen Schelmenstreich.

Die Sonne küßt uns. Traumverloren
schwimmt im Geäst ein Klang in Moll;
und wir gehn fürder, alle Poren
vom Kraftarom des Morgens voll.

Der Stadtpark mit dem Prager Hauptbahnhof

Das Gedicht bezieht sich auf den unweit von Rilkes Geburtshaus gelegenen *Stadtpark (Vrchlického sady)*, der 1880 fertiggestellt wurde. In seinem Zentrum lag ein Teich, in den sich über mächtige Steinblöcke ein Wasserfall stürzte. Die Abbildung zeigt diesen Teil der Anlagen und dahinter den alten Prager *Hauptbahnhof (Hlavní nádraží)*, der zu Anfang dieses Jahrhunderts durch einen Neubau ersetzt wurde. Dieser Bahnhof erfuhr in den siebziger Jahren eine Erweiterung, der Teile des Parks zum Opfer fielen. Der heutige Haupteingang liegt ungefähr an der Stelle, an der sich ehemals der Teich befunden hatte.

BRUNNEN

Ganz verschollen ist die alte,
holde Brunnenpoesie,
da aus Tritons Muschelspalte
eine klare Quelle lallte,
die den Gassen Sprache lieh.

Abends bei dem Röhrenkasten
sammelte sich Paar um Paar,
weil der Quelle lieblich Glasten
und ihr Laut der tiefgefaßten
Neigung süßes Omen war.

Aber als durch Menschenmühn dann
Wasser treppenaufwärts stieg
und kein Paar kam: Misogyn dann
ward der Gott; es schlich sich Grünspan
in die Muschel, – und er schwieg.

Brunnen in der Jungmannsgasse

Rilkes Prager Domizil in den Jahren 1892 bis 1896 lag in einem Haus, das sowohl von der *Wassergasse (Vodičkova)* als auch von der *Jungmannsgasse (Jungmannova)* aus zu betreten war. Der sich ehemals hier befindliche Brunnen hat sich wie die meisten anderen derartigen Prager Einrichtungen nicht erhalten.

Triton (fischleibiger Dämon mit Muschelhorn) und Misogyn (Frauenfeind) sind offensichtlich Reflexe des Griechischunterrichts, den Rilke seit Herbst 1893 mit durchweg nur befriedigendem Erfolg absolvierte.

SPHINX

Sie fanden sie, den Schädel halb zerschlagen,
in starrer Hand das heiße Rohr von Stahl.
Die Menge gaffte. – Bis der Rettungswagen
sie brachte in das gelbe Stadtspital.

Nur einmal hat das Aug sie aufgeschlagen ...
Kein Brief, kein Name, nur ein Kleid, ein Schal;
dann kam der Arzt mit seinem leisen Fragen
und dann der Priester. – Sie blieb stumm und fahl.

Doch spät bei Nacht, da wollt sie etwas sagen,
gestehn ... Doch niemand hörte sie im Saal.
Ein Röcheln. – Dann ward sie herausgetragen,
sie und ihr Schmerz. – Und draußen steht kein Mal.

Das k. k. Allgemeine Krankenhaus auf dem Karlsplatz

Das *k. k. Allgemeine Krankenhaus* am *Karlsplatz (Karlovo náměstí)* in der Prager *Neustadt (Nové Město)* hatte wie viele öffentlichen Gebäude in der Donaumonarchie nach dem Vorbild von Schloß Schönbrunn einen ockergelben Fassadenanstrich.

Es ist nicht auszuschließen, daß die Selbstmörderin, der niemand einen Grabstein setzt (»Und draußen steht kein Mal«), einen autobiographischen Hintergrund hat: Als Rilke nach der abgebrochenen Handelsschulausbildung im Herbst 1892 nach Prag zurückkehrte, war er völlig vereinsamt und durch das ihm von seinen Gymnasiallehrern auferlegte Lernpensum überfordert. Er hegte Selbstmordgedanken, die erst im Laufe des Jahres 1893 zurücktraten, als Valerie von David-Rhonfeld seine Liebe zu erwidern begann.

TRÄUME

Es kommt die Nacht, reich mit Geschmeiden
geschmückt des blauen Kleides Saum; –
sie reicht mir mild mit ihren beiden
Madonnenhänden einen Traum.

Dann geht sie, ihre Pflicht zu üben,
hinfort die Stadt mit leisem Schritt
und nimmt, als Sold des Traumes, drüben
des kranken Kindes Seele mit.

Der Altstädter Ringplatz

Der *Altstädter Ringplatz (Staroměstské náměstí)* bildet den natürlichen Mittelpunkt der *Altstadt*. Er war wegen seiner Geschichtsträchtigkeit, der Rilke mit dem Gedicht ›Gerichtet‹ huldigt, jedem Prager von Kindesbeinen an im Bewußtsein. Am Giebeldach der sich im Hintergrund erhebenden Kirche *Maria am Teyn* wurde 1628 ein Madonnenbild angebracht, welches den Sieg des Katholizismus über die hussitische Bewegung sinnfällig machen sollte. Im Jahre 1650 ließ Ferdinand III. vor der Kirche eine *Mariensäule* errichten, die von einer Statue der Gottesmutter gekrönt war und 1918 zerstört wurde. Der Kaiser wollte damit seinen Dank für die Errettung der Stadt zum Ausdruck bringen, die zwei Jahre zuvor schwedischer Belagerung getrotzt hatte.

MAITAG

Still! – Ich hör, wie an Geländen
leicht der Wind vorüberhüpft,
wie die Sonne Strahlenenden
an Syringendolden knüpft.

Stille rings. Nur ein geblähter
Frosch hält eine Mückenjagd,
und ein Käfer schwimmt im Äther,
ein lebendiger Smaragd.

Im Geäst spinnt Silberrhomben
Mutter Spinne Zoll um Zoll,
und von Blütenhekatomben
hat die Welt die Hände voll.

Frühling in den Kronprinz-Rudolfs-Anlagen

Die am linken Moldauufer bergaufwärts sich erstreckenden *Kronprinz-Rudolfs-Anlagen (Letná)* gehörten zu den bevorzugten Spazierwegen der Prager Deutschen. Die großen Gärten und Parks in der Stadt sowie die sie durchfließende Moldau mit ihren baumbestandenen Inseln banden die Bewohner in den Wechsel der Jahreszeiten ein, der auf diese Weise stärker fühlbar wurde als in anderen Großstädten und deswegen beispielsweise in den Prager Zeitungen der Jahrhundertwende große Beachtung fand.

KÖNIG ABEND

Wie König Balthasar einst nahte,
die Stirn vom Kronenreif erhellt.
so tritt im purpurnen Ornate
der König Abend in die Welt.

Der erste Stern führt ihn wie jenen
bis an den fernsten Hügelsaum;
dort findet Mutter Nacht er lehnen
mit ihrem Kind im Arm, dem Traum.

Dem bringt er just wie jener Weise
des Orients das Gold, gehäuft, –
das Gold, das uns der Knabe leise
erlösend in den Schlummer träuft.

Abendstimmung über Prag

Auf der Abbildung erkennt man links die Kuppel der *Kreuzherrenkirche (kostel svatého Františka Serafinského)*, den *Altstädter Brückenturm* am Ende der *Karlsbrücke*, den *Turm* der *Altstädter Mühlen*, das helle Band des *Franzensquais (Smetanovo nábřeží)*, auf dem man Rilke als Kind »hin und zurück und wieder zurück und hin stundenlang spazierennahm« und ihn dabei »sinnlos« ermüdete.

AN DER ECKE

Der Winter kommt und mit ihm meine Alte,
die an der Ecke stets Kastanien briet.
Ihr Antlitz schaut aus einer Tücherspalte
froh und gesund, ob Falte auch bei Falte
seit vielen Jahren es durchzieht.

Und tüchtig ist sie, ja, das will ich meinen;
die Tüten müssen rein sein, und das Licht
an ihrem Stand muß immer helle scheinen,
und von dem Ofen mit den krummen Beinen
verlangt sie streng die heiße Pflicht.

So trefflich schmort auch keine die Maroni.
Dabei bemerkt sie, wer des Weges zieht,
und alle kennt sie – bis zum Tramwaypony;
sie treibts ja Jahre schon, die alte Toni ...
Und leise summt ihr Herd sein Lied.

Prager Maronimann

Zur Ausrüstung der kleinen, mit Holzkohle betriebenen Straßenröstereien, die zu Beginn der Adventszeit im Prager Straßenbild auftauchten, gehörte eine Laterne, deren Glasscheiben mit rotem Papier beklebt waren. Die gerösteten Edelkastanien wurden zuerst von Italienern verkauft, welche die Passanten mit dem Ruf »Maroni arostiti!« auf sich aufmerksam zu machen pflegten. Die auf diese Weise verheißenen Leckerbissen lockten vor allem die Kinder an, wurden jedoch bei grimmiger Kälte von den Erwachsenen auch in die Rocktaschen gesteckt, um die erstarrten Hände aufzuwärmen.
Zur Zeit, in der die ›Larenopfer‹ entstanden, verkehrten in Prag noch vorwiegend die 1875 eingeführten Pferdestraßenbahnen.

HEILIGE

Große Heilige und kleine
feiert jegliche Gemeine;
hölzern und von Steine feine,
große Heilige und kleine.

Heilge Annen und Kathrinen,
die im Traum erschienen ihnen,
baun sie sich und dienen ihnen,
heilgen Annen und Kathrinen.

Wenzel laß ich auch noch gelten,
weil sie selten ihn bestellten;
denn zu viele gelten selten –
nun, Sankt Wenzel laß ich gelten.

Aber diese Nepomucken!
Von des Torgangs Lucken gucken
und auf allen Brucken spucken
lauter, lauter Nepomucken!

Die St. Nepomuk-Statue auf der Karlsbrücke

Das Gedicht ist von der Prager *Karlsbrücke* angeregt worden, deren Brüstungen mit zahlreichen Heiligenfiguren aus Stein geschmückt sind, beschränkt sich jedoch in seiner Aussage nicht streng auf dieses berühmte Prager Bauwerk. Unter den auf der *Karlsbrücke* aufgestellten Brückenplastiken findet sich dreimal der hl. Wenzel, der Schutzpatron Böhmens, und einmal die hl. Anna, nicht aber die hl. Katharina. Das bronzene Standbild des Johannes von Nepomuk, der als Brückenheiliger weite Verbreitung fand, wurde 1683 als erstes aufgestellt.

DAS ARME KIND

Ich weiß ein Mädchen, eingefallen
die Wangen. – War ein leichtes Tuch
die Mutter; und des Vaters Fluch
fiel in ihr erstes Lallen.

Die Armut blieb ihr treu die Jahre,
und Hunger war ihr Angebind;
so ward sie ernst. – Das Lenzgold rinnt
umsonst in ihre Haare.

Sie schaut die lächelnden Gesichter
der Blumen traurig an im Hag
und denkt: der Allerseelentag
hat Blüten auch und Lichter.

Altstädter Brückenturm mit Blick auf die Karlsbrücke

Im Verlauf eines kirchenrechtlichen Streits zwischen Wenzel IV. und dem Erzbischof von Prag im Jahr 1393 hatte sich der Generalvikar Johannes von Nepomuk auf die Seite seines Herrn gestellt, was den König so erboste, daß er den Widerspenstigen in der Moldau ertränkte. Der Legende nach sind im Augenblick seines Untersinkens fünf kreisförmig angeordnete Sterne als Symbol seiner Märtyrerkrone auf der Wasseroberfläche erschienen. Die Verehrung des 1729 heiliggesprochenen Johannes erreichte in der Zeit der Donaumonarchie am 15. Mai, dem Vorabend seines Namenstags, ihren Höhepunkt.

WENNS FRÜHLING WIRD

Die ersten Keime sind, die zarten,
im goldnen Schimmer aufgesprossen;
schon sind die ersten der Karossen
im Baumgarten.

Die Wandervögel wieder scharten
zusamm sich an der alten Stelle,
und bald stimmt ein auch die Kapelle
im Baumgarten.

Der Lenzwind plauscht in neuen Arten
die alten, wundersamen Märchen,
und draußen träumt das erste Pärchen
im Baumgarten.

Garten-Restaurant im Baumgarten

Der im Norden Prags gelegene *Baumgarten (Stromovka)* war ursprünglich ein kaiserlicher Tiergarten und erhielt 1804 seine moderne Gestalt, die durch Alleen, Wiesen und mehr als hundert verschiedene Baumgattungen bestimmt ist. Er verlockte die elegante Welt Prags zum Promenieren und Reiten, und sobald es das Wetter zuließ, pflegte man sich zu den Klängen eines Orchesters im dortigen *Haupt-Restaurant* einzufinden, um seine Toiletten zu zeigen. Wie aus einem Brief Rilkes an Valerie von David-Rhonfeld hervorgeht, hatte er als Elfjähriger seinem Vater in diesem Park erklärt, die Offizierslaufbahn einschlagen zu wollen: »Du weißt, wie ich mit wechselndem Erfolge die Volksschule der Piaristen absolvierte und – ein dummer Knabe – in der Hauptallee des Baumgartens über mein eigenes Schicksal mit einem kindischen Worte entschied.«

ALS ICH DIE UNIVERSITÄT BEZOG

Ich seh zurück, wie Jahr um Jahr
so müheschwer vorüberrollte;
nun endlich bin ich, was ich wollte
und was ich strebte: ein Skolar.

Erst ›Recht‹ studieren war mein Plan;
doch meine leichte Laune schreckten
die strengen, staubigen Pandekten,
und also ward der Plan zum Wahn.

Theologie verbot mein Lieb,
konnt mich auf Medizin nicht werfen,
so daß für meine schwachen Nerven
nichts als – Philosophieren blieb.

Die Alma mater reicht mir dar
der freien Künste Prachtregister, –
und bring ichs nie auch zum Magister,
bin was ich strebte: ein Skolar.

Das Karolinum

Im Wintersemester 1895/96 bezog Rilke, der »müheschwer« in drei Jahren das achtjährige Gymnasialpensum absolviert und dabei seine Nerven übermäßig strapaziert hatte, die Prager *Carl-Ferdinands-Universität*, die 1882 aus der Teilung der von Kaiser Karl IV. gegründeten *Karlsuniversität* in einen deutschen und einen tschechischen Zweig hervorgegangen war. Das *Karolinum* in der *Altstadt*, in dem seit 1370 Lehrveranstaltungen stattfanden, diente zu Rilkes Zeit Verwaltungs- und Repräsentationszwecken und wurde von beiden Volksgruppen gemeinsam benützt. Nachdem Rilke zunächst erwogen hatte, Jura zu studieren, weil er die Rechtspraxis seines verstorbenen Onkels Jaroslav von Rilke übernehmen wollte oder sollte, änderte er seinen Entschluß und schrieb sich in die philosophische Fakultät ein, wo er Kunstgeschichte, Literaturwissenschaft und Philosophie belegte. Im darauffolgenden Sommersemester wechselte er jedoch in die Rechts- und Staatswissenschaftliche Fakultät über, wo er sich auch mit den Pandekten zu befassen hatte, die einen Teil des römischen corpus iuris civilis bilden.

SUPERAVIT

Nie kann ganz die Spur verlaufen
einer starken Tat; dies lehrt
zu Konstanz der Scheiterhaufen;
denn aus tausend Feuertaufen
steigt der Hochgeist unversehrt.

Bis zu uns her ungeheuer
ragt der Reformator Hus,
fürchten wir der Lehre Feuer,
neigen wir uns doch in scheuer
Ehrfurcht vor dem Genius.

Der, den das Gericht verdammte,
war im Herzen, tief und rein,
überzeugt von seinem Amte, –
und der hohe Holzstoß flammte
seines Ruhmes Strahlenschein.

Am Bethlehemsplatz

Von 1400 bis 1414 wirkte Johannes Hus an der Prager *Bethlehemskapelle (Betlémská kaple)* in der Prager *Altstadt*, die 1786 aufgehoben und abgetragen wurde. An ihrer Stelle wurde das Wohnhaus errichtet, das die Abbildung zeigt. In den Jahren 1950 bis 1953 wurde dieses Gebäude durch eine Rekonstruktion der *Bethlehemskapelle* ersetzt. Rilke, der schon als Kind gewünscht hatte, das tschechische Volk, »erdrückt und erstickt«, möge »zu sich kommen«, nannte den tschechischen Reformator, der jahrhundertelang ein Symbol des Widerstandes gegen die Habsburgerherrschaft war, einen »Hochgeist«, als er im Frühjahr 1897 dessen Leidensweg in Konstanz »mit tiefem Schauen« nachvollzog. (Daher »Superavit«, nämlich: Er hat überwunden, gesiegt.)

TROTZDEM

Manchmal vom Regal der Wand
hol ich meinen Schopenhauer,
einen ›Kerker voller Trauer‹
hat er dieses Sein genannt.

So er recht hat, ich verlor
nichts: in Kerkereinsamkeiten
weck ich meiner Seele Saiten
glücklich wie einst Dalibor.

Der Hungerturm auf dem Hradschin

Der in der Umwallung der *Prager Burg* gelegene *Hungerturm (Daliborka)* diente früher als Gefängnis des böhmischen Herrenstandes. Er erhielt seinen Namen von Dalibor von Kozojed, dem Anführer eines Bauernaufstandes, der hier 1498 eingekerkert war. Bedřich Smetanas Oper ›Dalibor‹ (1868) schildert sein Schicksal gemäß der Legende, nach der sich der Gefangene durch sein Spiel auf der Geige getröstet haben soll, bei der es sich jedoch in Wirklichkeit um eine Folterbank gehandelt hat, deren Stricke Saiten genannt wurden. Rilke vergegenwärtigt die grausigen Geschehnisse und Legenden, die sich um den *Hungerturm* ranken, in seiner Prager Erzählung ›Die Geschwister‹ (1899).
Die im Gedicht erwähnten »Kerkereinsamkeiten« spielen auf seine Militärschulzeit in St. Pölten an. In Briefen spricht er von den »Gefängnismauern« dieser Anstalt, wo er von seinen Kameraden derart gequält wurde, daß er sich in die Einsamkeit einer im Anstaltsgarten gelegenen »Kirchhofsecke« zurückzuziehen pflegte. Werke Schopenhauers bekam er während seiner Prager Gymnasialzeit von seinem Vater geschenkt.

HERBSTSTIMMUNG

Die Luft ist lau, wie in dem Sterbezimmer,
an dessen Türe schon der Tod steht still;
auf nassen Dächern liegt ein blasser Schimmer,
wie der der Kerze, die verlöschen will.

Das Regenwasser röchelt in den Rinnen,
der matte Wind hält Blätterleichenschau; –
und wie ein Schwarm gescheuchter Bekassinen
ziehn bang die kleinen Wolken durch das Grau.

Der Graben

Der *Altstadt* und *Neustadt* voneinander trennende *Graben (Na příkopě)* war die Hauptgeschäftsstraße der Prager Deutschen, auf der man am Sonntag zu flanieren pflegte. Auch Rilke ging dort spazieren, am Nachmittag zusammen mit seinem Vater. Das Bild, das er dabei abgab, hat der Maler Hugo Steiner-Prag der Nachwelt übermittelt: »Durch das Gewühl der Menschen auf dem Graben schreitet gelassen ein junger Mensch, gekleidet in einen schwarzen, altväterischen Gehrock, eine schwarze Binde umschlingt seinen unmodischen Kragen, er trägt einen breiten schwarzen Hut. In der Hand aber hält dieser Seltsame eine farbige Blüte, eine langstielige Iris. Feierlich fast schreitet er mit ihr einher, wie mit einer heiligen Opferkerze. Man sieht diesen jungen Mann, der die Zwanzig kaum überschritten haben dürfte, ab und zu in den Straßen der Stadt, aber immer allein und immer mit einem verlorenen Lächeln in die Ferne und einem Blick, der an den ihm Begegnenden vorbeigleitet.«

AN JULIUS ZEYER

Du bist ein Meister; – früher oder später
spannt sich dein Volk in deinen Siegeswagen;
du preisest seine Art und seine Sagen, –
aus deinen Liedern weht der Heimat Äther.

Dein Volk tut recht, – nicht, voll von wahngeblähter
Vergangenheit, die Hand im Schooß zu tragen,
es kämpft noch heut und muß sich tüchtig schlagen,
stolz auf sich selbst und stolz auf seine Väter.

Es hat dein Volk sich seine Ideale
noch nicht versetzen lassen zu den Sternen,
die unerreichbar sind und Sehnsucht glasten;

du aber mahnst, ein echter Orientale,
es möge in dem Ringen nicht verlernen
auch im Alhambrahof die Kunst zu rasten.

Julius Zeyer

Rilke hat den tschechischen Schriftsteller Julius Zeyer (1841-1901), dessen unstetes Wanderleben eigene Lebensformen vorwegzunehmen schien, im Oktober 1895 im Hause David-Rhonfeld kennengelernt und ihm bei dieser Gelegenheit mit Gewinn aus dem Manuskript der ›Larenopfer‹ vorgelesen: »ich fühlte mich überreich belohnt, einerseits durch den aufrichtigen, warmen Beifall, den er mir mit Stimme und Blick zollte, andererseits durch die Episoden und Erzählungen, die seine weiten Reisen ihm eingegeben haben«. Zeyer hatte von Toledo, Tunis und einem ins Jahr 1894 fallenden Aufenthalt in Japan erzählt, der Rilke schon durch Erzählungen Valeries bekannt war.

DER TRÄUMER

I

Es war ein Traum in meiner Seele tief.
Ich horchte auf den holden Traum:
ich schlief.
Just ging ein Glück vorüber, als ich schlief,
und wie ich träumte, hört ich nicht:
es rief.

II

Träume scheinen mir wie Orchideen. –
So wie jene sind sie bunt und reich.
Aus dem Riesenstamm der Lebenssäfte
ziehn sie just wie jene ihre Kräfte,
brüsten sich mit dem ersaugten Blute,
freuen in der flüchtigen Minute,
in der nächsten sind sie tot und bleich. –
Und wenn Welten oben leise gehen,
fühlst du's dann nicht wie von Düften wehen?
Träume scheinen mir wie Orchideen. –

Blick auf das Strahower Stift

Die Abbildung zeigt den Garten des *Strahower Prämonstratenser-Stifts (Strahovský klášter)*. Rechts hinter der Mauer zieht sich der *Hohle Weg (Úvoz)* in die Höhe, der zu dem im Hintergrund sichtbaren Stift, zum *Maria-Loretto-Heiligtum* und zum *Kapuzinerkloster* emporführt. In einem Brief, in dem Rilke seinem Freund Jean Strohl Wege beschreibt, die jener in Prag abzugehen habe, heißt es, der Besucher werde sich am Ende seiner Besichtigungstour auf der linken Moldauseite in der bewunderungswürdigen Bibliothek des *Strahower Stifts* wiederfinden. Der Empfang, der ihm von den dortigen Patres zuteil werde, bringe eine alte Gastfreundschaft des Geistes und des Leibes zur Entfaltung. Das Stift mit seinen über 100 000 Bänden und mehr als 1400 Manuskripten befindet sich neuerdings wieder im Besitz der Prämonstratenser.

DIE MUTTER

Aufwärts die Theaterrampe
rollen dröhnend die Karossen,
abseits unter trüber Lampe
steht ein altes Weib verdrossen.

Nur wenn jäh ein Hengst mal scheute,
wars, daß sie zusammenschrecke;
niemand aus dem Strom der Leute
sieht die Alte in der Ecke.

An die neue ›Größe‹ dachte,
von ihr sprach man nur. – Die Güte
eines Grafen, hieß es, brachte
herrlich ihr Talent zur Blüte.

Später. Jubelstürme hallten
in den Schlußklang der Trompeten . . .
Aber draußen kams der Alten,
heimlich für ihr Kind zu beten.

Das Neue deutsche Theater

Rilke denkt an das 1888 eröffnete *Neue deutsche Theater (Státní opera)* neben dem Prager *Hauptbahnhof*, das kultureller Mittelpunkt der Prager Deutschen war, besonders unter der Ägide seines genialen Direktors Angelo Neumann (1888-1910). Die Neigung des jungen Rilke zum Theater, der hier mit der zeitgenössischen Dramatik bekannt wurde, wird durch den Umstand sinnfällig, daß er Anfang 1896 eine »freie Bühne« gründen wollte, »ein intimes Theater, das den von der Bühne aus irgendwelchem Grunde verdammten Stücken die Thore eröffnet«. Rilkes eigenes Schauspiel ›Jetzt und in der Stunde unseres Absterbens‹ wurde am 6. August 1896 im (nicht erhaltenen) *Deutschen Volkstheater* im heutigen Stadtteil *Vinohrady* aufgeführt.

UNSER ABENDGANG

Gedenkst du noch, wie guter Dinge
wir wallten durch das Nusler Tal;
zwei kleine, blaue Schmetterlinge
verflatterten im Abendstrahl.

Am Häuschen lehnte die Melone
dort – wie auf einem Bilde Dows,
und herrlich mit der Kuppelkrone
hob sich das Haupt des Karlshofs.

Im West war noch der Weizen golden,
blaugrün verdämmerte der Kohl;
die ersten weißen Sternendolden
umzitterten den Himmelspol.

Der Karlshof

Der im Süden Prags liegende *Karlshof (Karlov)* wurde von Kaiser Karl IV. gegründet, der Karl dem Großen ein Andenken stiften wollte. Die 1377 geweihte *Mariä-Himmelfahrt-Kirche* ist für ihre kühne Sterngewölbekuppel berühmt, die Peter Parler geschaffen hat, in der Renaissance aber bauliche Veränderungen erfuhr. Die Abbildung zeigt den *Karlshof* aus dem Blickwinkel des Gedichts, nämlich vom Tal des *Botič* aus, in dem sich die Prager Vorstadt *Nusle* ausbreitet.

Der schottische Maler Thomas Millie Dow (1848-1919) wurde in den achtziger Jahren des vorigen Jahrhunderts aufgrund seiner Rosen- und Chrysanthemendarstellungen bekannt, seit 1892 auch durch Märchenvisionen und Phantasiestücke. Rilke lernte sie im August 1894 in der *Alten Pinakothek* in München kennen.

KAJETÁN TYL

Bei Betrachtung seines Zimmerchens,
das auf der böhmischen ethnographischen Ausstellung
zusammengestellt war

Da also hat der arme Tyl
sein Lied »Kde domov můj« geschrieben.
In Wahrheit: Wen die Musen lieben,
dem gibt das Leben nicht zuviel.

Ein Stübchen – nicht zu klein dem Flug
des Geistes; nicht zu groß zur Ruhe. –
Ein Stuhl, als Schreibtisch eine Truhe,
ein Bett, ein Holzkreuz und ein Krug.

Doch wär er nicht für tausend Louis
von Böhmen fort. Mit jeder Fiber
hing er daran. – »Ich bleibe lieber,«
hätt er gesagt, »kde domov můj«.

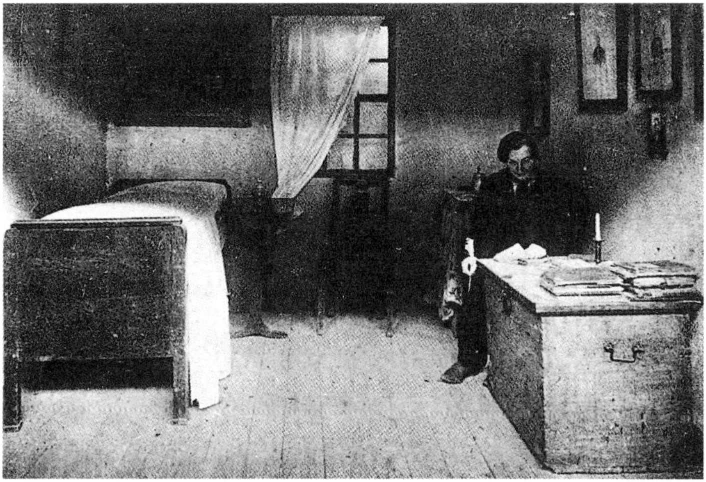

Kajetán Tyls Arbeitszimmer

Vom 16. Mai bis zum 28. August 1895 fand im Prager *Baumgarten (Stromovka)* die ›Čechoslavische Ethnographische Ausstellung‹ statt, die einen Überblick über die materielle und geistige Kultur des tschechischen Volkes vermitteln sollte. Wegen des in Prag herrschenden Nationalitätenhaders boykottierten die Prager Deutschen diese Leistungsschau, zu der selbst Kaiser Franz Josef zur Besichtigung nach Prag kam. Rilke, den Vorurteilen seiner Volksgruppe weitgehend entwachsen, besuchte diese Ausstellung, auf der er die oben reproduzierte Abbildung erwarb. Sie zeigt eine Rekonstruktion von Kajetán Tyls (1808-1856) Arbeitszimmer. Dieser tschechische Schriftsteller hatte in seiner Posse ›Fidlovačka‹ (1834) einem Straßensänger, der an seine Heimat denkt, das Lied ›Kde domov můj?‹ (Wo ist meine Heimat?) in den Mund gelegt (vertont von František Škroup), das schnell populär wurde und von 1918 bis 1992 ein Teil der Nationalhymne der Tschechoslowakei war (und seitdem der Tschechischen Republik).

VOLKSWEISE

Mich rührt so sehr
böhmischen Volkes Weise,
schleicht sie ins Herz sich leise,
macht sie es schwer.

Wenn ein Kind sacht
singt beim Kartoffeljäten,
klingt dir sein Lied im späten
Traum noch der Nacht.

Magst du auch sein
weit über Land gefahren,
fällt es dir doch nach Jahren
stets wieder ein.

Blick auf die ›Čechoslavische Ethnographische Ausstellung‹

Das mit dem vorigen thematisch verwandte Gedicht steht nicht zufällig an dieser Stelle: Die von Rilke besuchte ›Čechoslavische Ethnographische Ausstellung‹ hatte natürlich einen Schwerpunkt in der Darstellung tschechischer Folklore.

Am 21. Mai 1896 schrieb Rilke an die Autorin Láska von Oestéren: »wie ein glockenstimmiger Sonntag leuchtend in das Dunkel der Werkwoche schreitet, so kommt der arbeitenden, kämpfenden Welt bisweilen ein Augenblick stillen, lächelnden Friedens. Und der wackere Arbeiter stützt den Arm auf die gestemmte Axt und schaut ernst und klar auf die nahende Lichtgestalt, die ihm im Vorübergehen, die schneeweiße kalte Hand auf die von Ruß und Sorgen dumpfige Stirne legt. Und die Weiber sehen auf beim Kartoffeljäten und legen die gebräunte Hand schirmend vor die glanzscheuen Augen. Kinder aber, die Backen voll Sonntagskuchen, staunen groß in das Antlitz der schwebenden Huldin«.

DAS VOLKSLIED

Nach einer Kartonskizze des Herrn Liebscher

Es legt dem Burschen auf die Stirne
die Hand der Genius so lind,
daß mit des Liedes Silberzwirne
er seiner Liebsten Herz umspinnt.

Da mag der Bursch sich süß erinnern,
was aus der Mutter Mund ihm scholl,
und mit dem Klang aus seinem Innern
füllt er sich seine Fiedel voll.

Die Liebe und der Heimat Schöne
drückt ihm den Bogen in die Hand,
und leise rieseln seine Töne
wie Blütenregen in das Land.

Und große Dichter, ruhmberauschte,
dem schlichten Liede lauschen sie,
so gläubig wie das Volk einst lauschte
dem Gotteswort des Sinai.

Adolf Liebscher bei der Arbeit

Rilkes Interesse für die Malerei brachte ihn im Herbst 1895 in Verbindung mit dem ›Verein deutscher bildender Künstler in Böhmen‹, in dem er bis zu seiner Abreise nach München im Herbst 1896 verkehrte. Im Zusammenhang mit diesen Bestrebungen muß er mit dem Werk des in Prag wirkenden (Wandgemälde im *Tschechischen Nationaltheater*) Malers Adolf Liebscher (1857-1919) in Berührung gekommen sein. Die Art der Darstellung, die Rilke beschreibt, läßt sich am besten im *Ústřední kulturní dům železničářů (Zentrales Kulturhaus der Eisenbahner)* am *Náměstí Míru* in *Praha-Vinohrady* studieren, dessen Festsaal Liebscher 1894 ausgemalt hat.

DORFSONNTAG

Im Wirtshaus auf den blanken Dielen
schwingt sich die Jugend frisch und laut,
des Burschen Hand, so hart von Schwielen,
drückt die des blonden Mädchens traut;
bierfrohe Musikanten spielen
ein Lied aus der ›Verkauften Braut‹.

»Trinkt zu! Ich will euch heut besolden.«
Der Pfarrherr. Der liebt muntern Geist.
Und wie er nach dem Tanz die Holden
zu seinem Tische kommen heißt,
da geht der Abend draußen, golden,
und lacht durch alle Fenster dreist.

Das Ausflugslokal »Kravín« in Königliche Weinberge

Das nicht mehr existierende Gasthaus *Kravín (Kuhstall)* in der damals noch selbständigen Vorstadt *Königliche Weinberge (Vinohrady)*, in der Valerie von David-Rhonfeld wohnte, war ein bekanntes Garten-Restaurant in ländlicher Umgebung, das von der Prager Bevölkerung an Sonntagen frequentiert wurde.

MEIN GEBURTSHAUS

Der Erinnrung ist das traute
Heim der Kindheit nicht entflohn,
wo ich Bilderbogen schaute
im blauseidenen Salon.

Wo ein Puppenkleid, mit Strähnen
dicken Silbers reich betreßt,
Glück mir war; wo heiße Tränen
mir das ›Rechnen‹ ausgepreßt.

Wo ich, einem dunklen Rufe
folgend, nach Gedichten griff,
und auf einer Fensterstufe
Tramway spielte oder Schiff.

Wo ein Mädchen stets mir winkte
drüben in dem Grafenhaus . . .
Der Palast, der damals blinkte,
sieht heut so verschlafen aus.

Und das blonde Kind, das lachte,
wenn der Knab ihm Küsse warf,
ist nun fort; fern ruht es sachte,
wo es nie mehr lächeln darf.

Das Harrachsche Palais

Das Gedicht ist autobiographisch bestimmt: Der blauseidene Salon war nach den Erinnerungen von Rilkes Mutter tatsächlich vorhanden. Allerdings hat Rilke diese Wohnung, in der er die ersten neun Jahre seines Lebens verbrachte, in seinen Briefen stets sehr kritisch beschrieben. Da er zunächst wie ein Mädchen erzogen wurde, spielte er mit Puppen, die er an- und auszuziehen wünschte. Vom Herbst 1882 bis zum Juli 1886 besuchte er die in der Nähe des großelterlichen Hauses gelegene private Knabenvolksschule des Piaristen-Ordens in der *Herrengasse (Panská Nr. 1)*. Die erhaltenen Zeugnislisten lassen erkennen, daß er in den ersten beiden Klassen Schwierigkeiten mit dem Rechnen hatte. Bei dem »Grafenhaus« handelt es sich um das *Harrachsche Palais* in der *Jindřišská (Konskriptionsnummer 939)*, das er von seinem Kinderzimmer aus sehen konnte.

IN DUBIIS

I

Es dringt kein Laut bis her zu mir
von der Nationen wildem Streite,
ich stehe ja auf keiner Seite;
denn Recht ist weder dort noch hier.

Und weil ich nie Horaz vergaß,
bleib gut ich aller Welt und halte
mich unverbrüchlich an die alte
aurea mediocritas.

II

Der erscheint mir als der Größte,
der zu keiner Fahne schwört,
und, weil er vom Teil sich löste,
nun der ganzen Welt gehört.

Ist sein Heim die Welt; es mißt ihm
doch nicht klein der Heimat Hort;
denn das Vaterland, es ist ihm
dann sein Haus im Heimatsort.

Tschechische Demonstration auf dem Altstädter Ringplatz

Die ›Larenopfer‹ sind ein Versuch, zu dem »feindlichen Brudervolk« der Tschechen eine Brücke zu schlagen, das seit dem Ende des 19. Jahrhunderts auf zahlreichen politischen und nationalistischen Demonstrationen die Rechte einforderte, die ihm von der Wiener Regierung vorenthalten wurden. Die Vorstellung der aurea mediocritas (Horaz, ›Oden‹, II 10,5), des goldenen, die Extreme vermeidenden Mittelwegs, findet sich schon in einem Brief Rilkes vom Oktober 1889 aus St. Pölten, dort aber, offensichtlich ein Hör- oder Erinnerungsfehler des knapp Vierzehnjährigen, der damals noch kein Latein konnte, als aurea neviopitas. Der aus einfachen Verhältnissen stammende, skeptische römische Lyriker, dessen Werk zum Pflichtpensum österreichischer Abitursklassen gehörte, ist der Republikaner unter den Schriftstellern seiner Zeit gewesen, der nie eine einseitige Verherrlichung des Kaiserhauses betrieben hat.

BARBAREN

Ich weiß von einem Riesenparke
dort, wo die Stadt sich schon verliert;
jetzt nagt die Axt an seinem Marke,
sie sagen: Er wird parzelliert.

Das ist der Fürstenpark Clam-Gallas,
der Mietskasernen weichen soll,
der war doch wie ein Hain der Pallas
der raunenden Orakel voll.

Jetzt stürmen sie, die Ungeweihten,
den Ort, den kein Profaner sah:
Es übertönt der Lärm der Zeiten
das Götterwort der Pythia.

Eingang zur Klamovka

Bei dem erwähnten »Fürstenpark« handelt es sich um die teilweise erhaltene *Klamovka* in *Prag-Smichow (Praha-Smíchov)*. Das sich ursprünglich zu beiden Seiten der *Plzeňská (Pilsenerstraße)* erstreckende Gelände wurde im Jahr 1787 von Christian Philipp von Clam gekauft, dem späteren Grafen Clam-Gallas. Er ließ dort einen englischen Park einrichten, in dem ein Pavillon, ein kleines Theater, Tierkäfige und Skulpturen plaziert wurden, Monumente, die Rilke als Nachklang eines antiken Tempelhains erscheinen mochten. 1894 ließ der Bürgermeister der südlich angrenzenden Gemeinde *Koschir (Košíře)* das dieser Anlage gleichfalls zugehörige *Sommerschlößchen* zu einem Restaurant umbauen, das ein beliebtes Ausflugsziel wurde und später in der heutigen *Sokolovna (Turnerhaus)* aufging. Gleichzeitig wurde der an der Nordseite der *Plzeňská* entlangführende Parkstreifen zur Bebauung durch Mietshäuser freigegeben. Zu Anfang dieses Jahrhunderts wurde auch der gesamte südlich der Straße liegende Teil der Anlagen aufgegeben.

SOMMERABEND

Die große Sonne ist versprüht,
der Sommerabend liegt im Fieber,
und seine heiße Wange glüht.
Jach seufzt er auf: »Ich möchte lieber . . .«
Und wieder dann: »Ich bin so müd . . .«

Die Büsche beten Litanein,
Glühwürmchen hangt, das regungslose,
dort wie ein ewiges Licht hinein;
und eine kleine weiße Rose
trägt einen roten Heiligenschein.

Schloß Groß-Rohosetz

Die Sommerferien des Jahres 1886 verbrachte Rilke mit seiner Mutter im nordböhmischen *Wartenberg (Sedmihorky)*. Das in der Nähe gelegene *Schloß Groß-Rohosetz (zámek Hrubý Rohožec)* – heute nach *Turnau (Turnov)* eingemeindet – hat seine jetzige Gestalt im 16. Jahrhundert erhalten. Es bildet den Schauplatz von Rilkes Novelle ›Teufelsspuk‹ (1899), in der zu Beginn berichtet wird: »an einem guten Augustabend trafen wir in einiger Gesellschaft in Groß-Rohozec ein. Daß es so spät geworden war, lag an der Stimmung des Grafen. Er war lauter Glanz. Man kam vor gegenseitigem Entzücken nicht von der Stelle. Endlich einigten wir uns, Schloß und Park (da doch jetzt keine Besuchsstunde mehr war) am nächsten Morgen zu besichtigen und die Sonne von der hohen Ruine aus sinken zu sehen. ›Meine Ruine‹, rief der Graf, und es war, als schlüge er die alten Ringmauern wie einen Wettermantel um seine schlanke Gestalt. Ein kleines Gasthaus überraschte uns oben, und die Stimmung steigerte sich zusehens.«

GERICHTET

Am ›Ring‹ stand einst ein Blutgerüst,
lang ist es her; doch wenn der Schein
des runden Monds das Rathaus küßt,
dann wallen aus dem heilgen Teyn
Gerichtete in Geisterreihn . . .
Weh wer sie sah!

Viel Herren fielen auf dem Ring;
die Herren finden Ruhe nicht; –
sie zogen eines Nachts: Es ging
voran Herr Christus, groß und licht,
mit ernstem, traurigem Gesicht . . .
Und einer sahs!

Der war ein Maler. Und im Flug
malt er, wie er geschaut, den Ring.
Er malt den ganzen Geisterzug,
dem ernst voran Herr Christus ging.
Er malt . . . bis ihn ein Fieber fing . . .
Jetzt ist er tot. –

Jan F. Gretsch: »Salvatorlegende« (1893)

Am 21. August 1621 wurden auf dem *Altstädter Ringplatz (Staroměstské náměstí)* 27 Adlige hingerichtet, Anführer der gegen Kaiser Ferdinand II. gerichteten Erhebung der böhmischen Stände, die im November 1620 zusammengebrochen war. Eine Prager Lokalsage berichtet, wie die Toten unter Jesu Führung an jedem Jahrestag ihrer Hinrichtung die Gräber in der nahen *St. Salvatorkirche (kostel svatého Salvátora)* in der *Salvátorská* verlassen. Sie wandern über die *Dlouhá*, die am Nordostende des *Altstädter Ringplatzes* mündet, zur *Astronomischen Uhr* am *Rathausturm*. Wenn sie feststellen, daß die Zeit richtig angezeigt wird, wissen sie, daß es dem Volk gut geht, und kehren beruhigt in ihre Grüfte zurück. Rilke lernte das Gemälde von Jan F. Gretsch (*1866), der am 28. Juni 1894 »fast ohne jedes ernstere Siechtum« verstarb, im Frühjahr 1893 auf der Jahresausstellung des ›Kunstvereins für Böhmen‹ kennen. Er läßt die Geister aus der Kirche *Maria am Teyn* kommen, in der 1631 die vom Wetter gebleichten Schädel der Hingerichteten bestattet wurden, die bisher an den Zinnen des *Altstädter Brückenturmes* gehangen hatten.

DAS MÄRCHEN VON DER WOLKE

Der Tag ging aus mit mildem Tone,
so wie ein Hammerschlag verklang.
Wie eine gelbe Goldmelone
lag groß der Mond im Kraut am Hang.

Ein Wölkchen wollte davon naschen,
und es gelang ihm, ein paar Zoll
des hellen Rundes zu erhaschen,
rasch kaut es sich die Bäckchen voll.

Es hielt sich lange auf der Flucht auf
und sog sich ganz mit Lichte an; –
da hob die Nacht die goldne Frucht auf:
Schwarz ward die Wolke und zerrann.

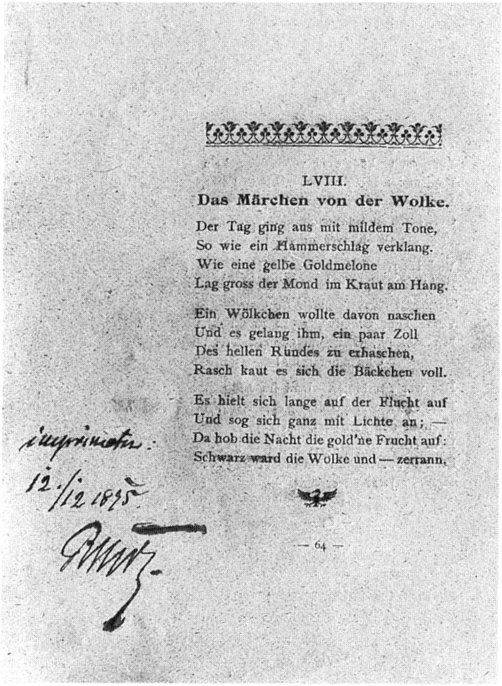

LVIII.

Das Märchen von der Wolke.

Der Tag ging aus mit mildem Tone,
So wie ein Hammerschlag verklang.
Wie eine gelbe Goldmelone
Lag gross der Mond im Kraut am Hang.

Ein Wölkchen wollte davon naschen
Und es gelang ihm, ein paar Zoll
Des hellen Rundes zu erhaschen,
Rasch kaut es sich die Bäckchen voll.

Es hielt sich lange auf der Flucht auf
Und sog sich ganz mit Lichte an; —
Da hob die Nacht die gold'ne Frucht auf:
Schwarz ward die Wolke und — zerrann.

— 64 —

imprimatur:
12./12 1895

Rilkes Imprimatur für die ›Larenopfer‹

Obwohl Rilke das Imprimatur für die ›Larenopfer‹ erst am 12. Dezember 1895 erteilt hatte, erschien das Buch schon zu Weihnachten, und zwar im Prager Verlag H. Dominicus. An Ottilie Malybrock-Stieler schrieb er kurz darauf: »Dieser Liedercyklus trägt böhmisches Gepräge und atmet die Stimmung unserer Hauptstadt.«

FREIHEITSKLÄNGE

Böhmens Volk! In deinen Kreisen
weckt ein neuer Genius
alte, heiße Freiheitsweisen,
und die mahnen nicht mit leisen
Worten, daß dein Fesseleisen
ganz zerschmettert werden muß.

Diese Streitpoeten blasen
lockend; und in Stücke haun
kannst du, Volk, in deinem Rasen
des Gesetzes Marmorvasen,
doch du kannst aus ihren Phrasen
keine Zukunft dir erbaun.

Tief in Herz und Sinn in treuer
Hoffnung senk die Liedersaat,
sind dir deine Dichter teuer,
daß daraus ein Lenz, ein neuer,
keime. – Was dann blieb vom Feuer,
das entflamme dich zur Tat.

Das Tschechische Nationaltheater

Das *Tschechische Nationaltheater (Národní divadlo)* brannte 1881 kurz nach seiner Fertigstellung aus, konnte aber infolge großzügiger Spenden schon zwei Jahre später neuerlich eröffnet werden. Das wie ein Nationalheiligtum gehütete Bauwerk verkörperte in Rilkes Jugend die Sehnsüchte und Neigungen eines Volkes, das sich als eine der deutschen gleichrangige europäische Kulturnation darstellen wollte.
Rilke billigte den Kampf des tschechischen Volkes gegen die »Fesseleisen«, die ihm durch die Herrschaft der Österreicher auferlegt waren, wendet sich aber in ›Freiheitsklänge‹ gegen die nationale Dichterschule, »Streitpoeten«, die sich unter der Führung Svatopluk Čechs in der Feier nationaler Tugenden zusammengefunden hatten. Er wollte mit den ›Larenopfern‹ einen leisen »Accord des Friedens [...] im rauschenden Kampfgetöse« des nationalen Haders erklingen lassen, »so wie der seelenkranke Grottenquell heimlich und traut, seine süßen Märchen raunt, ob draußen noch ragende Stämme in des Sturmes gewaltigen Streichen klagen und stöhnen«.

NACHTBILD

Auch auf der Theaterrampe
wird es stille nach und nach. –
Eine eitle Bogenlampe
schaut sich in ein Droschkendach.

Auf dem leeren Gangsteig zucken
Lichter. – Sehn nicht dort am Haus
helle Dachmansardenlucken
wie verweinte Augen aus?

Das Neue deutsche Theater

In Rilkes autobiographischer Erzählung ›Ewald Tragy‹ (1899) kommt es vor dem »endlos öden Bürgersteig« des *Neuen deutschen Theaters (Státní opera)* zu einem heftigen Wortwechsel zwischen dem Titelhelden und seinem Vater, in dem sich die Auseinandersetzungen spiegeln, die Rilke mit seinem Vater im Jahr 1896 wegen seines Entschlusses zu führen hatte, im Herbst 1896 Prag zu verlassen und in München zu leben.

HINTER SMICHOV

Hin gehn durch heißes Abendrot
aus den Fabriken Männer, Dirnen, –
auf ihre niedern, dumpfen Stirnen
schrieb sich mit Schweiß und Ruß die Not.

Die Mienen sind verstumpft; es brach
das Auge. Schwer durchschlürft die Sohle
den Weg, und Staub zieht und Gejohle
wie das Verhängnis ihnen nach.

Blick auf das Industriegelände von Smichow

Die südlich der *Kleinseite* liegende Prager Vorstadt *Smichow (Smíchov)* war zur Zeit des jungen Rilke ein selbständiges Gemeinwesen, in dem sich im Lauf des 19. Jahrhunderts Werkstätten, eine Kartonfabrik und Textilwerkstätten, später auch metallverarbeitende Großbetriebe angesiedelt hatten, so daß sie schließlich zu einem bedeutenden Industrieviertel wurde. Nachdem Rilke im Frühjahr 1891 die Militäroberrealschule in Mährisch-Weißkirchen verlassen hatte, verbrachte er die anschließenden Sommermonate in der *Villa Excelsior* in *Smichow (Švédská Nr. 4)*, die sein Onkel Jaroslav von Rilke als Sommerwohnung gemietet hatte. Daß er auf Spaziergängen und Ausflügen den Ort und seine Umgebung kennengelernt haben muß, zeigen auch die Gedichte ›Der Engel‹, ›Barbaren‹ und ›Aus der Kinderzeit‹.

IM SOMMER

Im Sommer trägt ein kleiner Dampfer
auf Moldauwogen uns nach Zlichov
zu jenem Kirchlein, hoch und frei.
Im blauen Nebel schwindet Smichov; –
zur Rechten Flächen braun von Ampfer,
zur Linken stolz die ›Loreley‹.

Moldaudampfer am Palacky-Quai

Zu den sonntäglichen Vergnügungen der Prager Bevölkerung gehörten vom Prager *Palacky-Quai (Rašínovo nábřeží)* ausgehende Dampferfahrten, die flußaufwärts über *Slichow (Zlíchov)* und *Königssaal (Zbraslav)* nach *Stiechowitz (Štěchovice)* führten.
Die stolze »Loreley« meint den sagenumwobenen *Wischehrad (Vyšehrad)*. Der sich im Süden Prags unmittelbar am rechten Moldauufer erhebende Steilfelsen trägt die Reste einer mittelalterlichen Burg. Hier soll Libussa, die jüngste Tochter des Fürsten Krok, in grauer Vorzeit das böhmische Herrschergeschlecht der Przemysliden begründet und die Gründung Prags geweissagt haben. Wahrscheinlich denkt Rilke auch an Bedřich Smetanas sinfonische Dichtung ›Vyšehrad‹ (1874), die solche romantische Verklärung der Frühgeschichte Böhmens musikalisch zu beschwören sucht.

Wir legen an; und sieh, ein Alter
begrüßt uns leiernd: ›Hej, Slované!«
Am Friedhofsrand dann lehnen wir.
Hoch blaut des Himmels Prachtzyane,
und unser Träumen hebt, ein Falter,
auf Sonnenflügeln sich zu ihr.

Die Kirche in Slichow

Die *St. Philipp- und Jakobskirche (kostel svatého Filipa a Jakuba)* auf dem *Slichower Hügel* stammt aus dem 13. Jahrhundert und wurde 1713 barockisiert. Rechts im Bild eine *Johannes-Nepomuk-Statue* aus dem 18. Jahrhundert.
Das 1834 entstandene Gedicht ›Hej, Slované!‹ (etwa: »Hoch, die Slawen!«) von Samuel Tomášek (1813-1887) bildet den Text eines tschechischen Liedes, das besonders von Vertretern des nationalistischen Turnerbundes *Sokol* gesungen wurde.
Prachtzyane: besonders schöne Kornblume.

AM KIRCHHOF ZU KÖNIGSAAL

(Aula regis)

Auf schloß das Erztor der Kustode.
Du sahst vor Blüten keine Gruft.
Der Lenz verschleierte dem Tode
das Angesicht mit Blust und Duft;
da stieg wie eine Todesode
ein Trauermantel in die Luft.

Wir sahn ihn beide und wir schwiegen . . .
Rings feierte Mittsommerlicht,
in den Syringen summten Fliegen. –
Da lag ein Schädel vor uns dicht;
aus seinen leeren Augen stiegen
verkümmerte Vergißmeinnicht.

Blick auf Königssaal

Ziel der von Rilke beschriebenen Dampferfahrt, die er offenbar in Begleitung Valeries (»beide«) unternahm, war nicht die in Ufernähe gelegene *Kirche St. Jakob des Älteren (kostel svatého Jakuba většího)* in *Königssaal*, in der sich Grabsteine von Przemyslidenherrschern erhalten haben, sondern die dem *hl. Gallus* geweihte, aus dem 12. Jahrhundert stammende und 1660 umgebaute, von einem malerisch gelegenen Friedhof umgebene Pfarrkirche auf dem *Hlavín.* Sie ist auf der Abbildung im Hintergrund rechts oben auf der Spitze des Berges zu sehen, dessen Plateau einen herrlichen Ausblick auf das Moldautal erlaubt.

VIGILIEN

I

Die falben Felder schlafen schon,
mein Herz nur wacht allein;
der Abend refft im Hafen schon
sein rotes Segel ein.

Traumselige Vigilie!
Jetzt wallt die Nacht durchs Land;
der Mond, die weiße Lilie,
blüht auf in ihrer Hand.

Der Prager Hafen

In der Zeit, in der Rilke in Prag lebte, besaß die Stadt einen Hafen, und zwar im Vorort *Karolinenthal (Karlín)*. Er wurde von einem heute verschwundenen *Moldau-Kanal* gebildet, der südlich des jetzt in der Uferzone liegenden *Rohanský ostrov (Rohan-Insel)* parallel zur *Pobřežní (Königsstraße)* verlief.

II

Am offnen Stubenfenster lehn ich
und träume in die Nacht hinauf;
das Mondlicht windet silbersträhnig
sich um den schwarzen Kirchturmknauf.

Sehn wenig Welten aus den Fernen
auch durch den engen Hof ins Haus, –
es füllte Licht von zehen Sternen
ein ganzes, dunkles Leben aus.

Der Glockenturm der St. Heinrichs-Kirche

Die zweite Strophe setzt Rilkes Domizil in der *Wassergasse Nr. 15* voraus, denn nur dessen Fenster öffneten sich auf einen engen, rundum geschlossenen Hinterhof, der keine Sicht auf andere Monumente ermöglichte und nur wenig Licht ins Innere des Gebäudes ließ, so daß angenommen werden muß, Rilke habe diese Wohnung mit dem Geburtshaus in der *Heinrichsgasse* kontaminiert, in dem er die ersten Lebensjahre verbracht hatte. Von dort aus konnte er den spätgotischen Glockenturm der *St. Heinrichs-Kirche* sehen, der als schwarze, sich gegen den helleren Nachthimmel abhebende Kirchturmspitze in das Gedicht eingegangen ist. Die autobiographische Tönung des Textes bezeugt auch ein Brief, in dem er Valerie Ende 1895 mitteilt: »Du warst ein lichter Flugstern in meinem dunklen Leben!«

III

Horch, der Schritt der Nacht erstirbt
in der weiten Stille;
meine Schreibtischlampe zirpt
leis wie eine Grille.

Goldig auf dem Bücherstand
glühn der Bände Rücken:
zu der Fahrt ins Feenland
Pfeiler für die Brücken.

Die Kaiser Franz Josefs-Brücke

Die 1865/66 erbaute und 1868 von Kaiser Franz Josef eingeweihte *Kaiser Franz Josefs-Brücke (Švermův most)*, die von den Prager Deutschen meist *Elisabethbrücke* genannt wurde, diente unter anderem dazu, den Weg in den *Baumgarten* und den sich darin befindlichen Ausstellungspark abzukürzen. Die Abbildung zeigt die später in ihrem Tragwerk veränderte Hängebrücke, von der sich reizvolle Ausblicke auf die Moldau und ihre Uferregionen bieten, mit den im Hintergrund sichtbaren *Kronprinz-Rudolfs-Anlagen (Letná)* von der *Elisabethstraße* aus. Rilke, der in seinem Gedicht die hochragenden Brückenpfeiler als Metapher verwendet, erinnerte sich später: »Ich muß an den Ring im Pflaster denken bei der Prager Elisabeth-Brücke, in den ich immer mit dem Fuß hineingeriet, wenn ich als kleiner Junge, übermüde, mit meinem Vater von einem seiner Spaziergänge zurückkam.«

IV

Sie hat, halb Kind, einst eine Nacht
beim toten Mütterlein verbracht
und hat geweint und hat gewacht; –
dann gingen Jahre, Jahre sacht:
nie hat sie jener Nacht gedacht.

Und dann kam eine andre Nacht.
Da hat von Glut und Sünd entfacht
die rote Lippe Lust gelacht,
doch plötzlich – wie durch höhre Macht
dacht sie der Nacht der Leichenwacht.

Die St. Heinrichs-Kirche

In der spätgotischen *St. Heinrichs-Kirche (kostel svatého Jindřicha)* in der *Heinrichsgasse (Jindřišská)*, die schräg gegenüber von Rilkes Geburtshaus liegt, wurde dieser am 19. Dezember 1875 auf die Namen René Karl Wilhelm Johann Josef Maria getauft. Im Jahr 1901 ist er der katholischen Kirche untreu und, gemäß dem Bekenntnis der Augsburger Konfession, Protestant geworden.

DER LETZTE SONNENGRUSS

Zu einem Bilde des Beneš Knüpfer

Die Sonne schmolz, die hehre,
ins weiße Meer so heiß. –
Zwei Mönche saßen am Meere,
ein blonder und ein Greis.

Der sann: Geh ich einst rasten,
so friedlich mög es sein –
und jener: Des Ruhmes Glasten
sollt mir mein Sterben weihn.

Beneš Knüpfer: »Der letzte Sonnengruß«

Der tschechische Maler Beneš Knüpfer (1844-1910) spielte am Ausgang des 19. Jahrhunderts in der Prager Kunstszene eine bedeutende Rolle. Als er 1879 nach Rom übersiedelte, verließ er die Historienmalerei und fand in der Darstellung von Seelandschaften, die er mit mythischen Gestalten belebte, die ihm eigene Ausdrucksform. ›Der letzte Sonnengruß‹ wurde im Frühjahr 1894 auf der Jahresausstellung des ›Kunstvereins von Böhmen‹ im *Rudolfinum (Dům umělců)* an der Moldau ausgestellt und muß bei dieser Gelegenheit die Aufmerksamkeit Rilkes erregt haben.

KAISER RUDOLF

Hoch auf seiner Himmelswarte
über einer Sternenkarte
sitzt der Kaiser Rudolf dort,
forschend, ob der langerharrte
Flugstern, der die Weisen narrte,
streifen würde diesen Ort.

Und er fragt den Astrologen,
der am hohen Himmelsbogen
alle Wandelwege weiß:
»Wird von Unglück der betrogen,
den der Stern hineingezogen
in den unheilvollen Kreis?«

Das Lustschloß der Königin Anna

Das *Lustschloß der Königin Anna (letohrádek královny Anny)*, das *Belvedere (Belvedér)*, das Kaiser Ferdinand I. 1538 für seine Gemahlin erbauen ließ, diente später dem abergläubischen und der Astrologie ergebenen Rudolf II. und seinem Hofastronomen Tycho de Brahe als Sternwarte.

Und der Alte weicht ihm leise
aus: »Der Stern zieht seine Gleise,
Herr, im fernen Ätherreich!«
Und gen Süden sieht der Weise; –
und der Kaiser schaut die Kreise
seines Globen, ernst und bleich.

Und von Süden kommt Verderben,
kommt Matthias. – Eilge Erben
lassen ihm nur den Hradschin;
und der Kaiser spricht im herben
Spott: »Mir bleibt nichts, als zu sterben,
denn schon bin ich tot für ›ihn‹.

Alter! Laß den Blick uns heben!
du hast recht, die Sterne schweben
hoch ob allem Erdenbann;
aber – die nach ihnen streben,
knüpfen selbst ihr dunkles Leben
an die lichten Lose an!«

Die Sternwarte im Prager Klementinum

Innerhalb des *Klementinums* in der *Altstadt*, das zu Rilkes Zeiten die Universitätsbibliothek und Hörsäle enthielt, in denen er im Wintersemester 1895/96 Vorlesungen hörte, erhebt sich ein gekuppelter Turm, in dem die Prager *k. k. Sternwarte* untergebracht war. Unter den Instrumenten, die hier aufbewahrt werden, befinden sich auch zwei Sextanten, die Rudolf II. und sein Astronom benutzten.

Als der kinderlose Kaiser Anzeichen geistiger Verwirrung zeigte, drängte sein Bruder Matthias (1557-1619) auf die Regelung der Sukzessionsfrage. Nachdem er in Böhmen eingefallen war, um Rudolf zur Abdankung zu zwingen, mußte ihm dieser 1608 Ungarn, Mähren und Österreich abtreten und ihm die Nachfolge in Böhmen zusichern, 1610 zusätzlich Böhmen, Schlesien und die Lausitz überlassen. Im Mai 1611 wurde Matthias schließlich zum König von Böhmen gewählt; Rudolf blieb bis zu seinem Tod im Juli des darauffolgenden Jahres nur die Kaiserkrone und der *Hradschin*.

AUS DEM DREISSIGJÄHRIGEN KRIEGE

Kohlenskizzen in Callots Manier

1. KRIEG

Finster ist die Welt geworden, –
darum Dörfer rasch entloht!
und die Welt ist grau; – drum rot
färbt sie durch das Morden!

Bauer! Bittest um dein Leben?
Nimm dirs! Aber bei uns bleib!
Herrgott hat dir Ochs und Weib
nur für uns gegeben.

Laß den Teufel Felder pflügen;
sieh, wir haben stets genung!
Vorwärts – einen Werbetrunk
aus den vollen Krügen!

Relief auf der Karlsbrücke: Der hl. Prokop und der Teufel

Rilke stellt seinen Zyklus über den Dreißigjährigen Krieg in die Nachfolge des Radierers Jacques Callot (1592-1635), der durch seine lebensnahen Darstellungen aus dem Volksleben berühmt und in seinem Zyklus ›Misères de la Guerre‹ zum Ankläger gegen die Greuel des Krieges wurde. Rilkes Eingangsgedicht spielt auf die *Statuengruppe des hl. Vinzenz Ferrer und Prokop* auf der Prager *Karlsbrücke* an, auf deren Sockelzone ein Relief den Sieg des Abtes Prokop über den Teufel darstellt. Als der im 11. Jahrhundert im Tal der Sasau (Sázava) lebende Heilige vom Teufel versucht wird, spannt er ihn vor seinen Pflug und läßt ihn als Zugpferd für sich arbeiten.

2. ALEA JACTA EST

».. . Tod oder Sold!«
Und jetzt die Trommel schnell
her. Auf das Trommelfell
Würfel gerollt.

So wird dem Lohn,
der unsre Streiche sucht.
Sieh, der Baum, reiche Frucht
trägt er doch schon!

Solltest schon längst
hängen dran, Kamerad!
Drum ists nicht jammerschad,
wenn du dann hängst!

Das Waldstein-Palais

Das von dem kaiserlichen Feldherrn Albrecht von Wallenstein zwischen 1624 und 1630 erbaute, monumentale *Waldstein-Palais (Valdštejnský palác)* auf der *Kleinseite* dürfte dafür mitverantwortlich sein, daß sich Rilke schon früh mit dieser Gestalt beschäftigte. Die beiden letzten Strophen des Gedichts ›Alea jacta est‹ (zu deutsch: Der Würfel ist gefallen) könnten von einer Passage in Schillers ›Geschichte des Dreißigjährigen Krieges‹ beeinflußt sein, in der die Persönlichkeit Wallensteins abschließend gewürdigt und aus diesem Anlaß folgende Anekdote erzählt wird: »der Strang war jedem gedroht, den man auf einem Diebstahl betreten würde. Da geschah es, daß Wallenstein selbst einem Soldaten auf dem Felde begegnete, den er ununtersucht als einen Übertreter des Gesetzes ergreifen ließ, und mit dem gewöhnlichen Donnerwort, gegen welches keine Einwendung stattfand: ›laß die Bestie hängen‹, zum Galgen verdammte. Der Soldat beteuert und beweist seine Unschuld – aber die unwiderrufliche Sentenz ist heraus. ›So hänge man dich unschuldig‹, sagte der Unmenschliche, ›desto gewisser wird der Schuldige zittern.‹« Der Soldat fällt Wallenstein an, wird entwaffnet und mit den Worten freigelassen: »Es wird Schrecken genug erregen.«

3. KRIEGSKNECHTS-SANG

Lag auf einer Trommel nackt,
kaum zwei Spannen lang,
und der rauhe Trommeltakt
war mein Wiegensang.

Wild zu wettern taugte ich
damals schon im Zorn,
meine Milch, die saugte ich
aus dem Pulverhorn.

Damals taufte jeden gut
der Korp'ral; beim Schopf
nahm er ihn, goß Schwedenblut
heiß ihm übern Kopf.

Ignaz Platzer d. Ä.: Kämpfender Gigant (1766-1768)

Darstellungen wie die kämpfenden Giganten Ignaz Platzers des Älteren (1717-1787), die dem Haupteingang der *Prager Burg* vorgelagert sind (seit 1912 Kopien), finden sich öfters in Prag und mögen die männliche Ruhmbegier des Knaben Rilke angestachelt haben. Angeregt durch Friedrich Schiller, dessen Balladen die Mutter vorzutragen pflegte, begann Rilke als Militärzögling in der ersten Hälfte des Jahres 1890 mit einer ›Geschichte des Dreißigjährigen Krieges‹, die er im darauffolgenden Jahr fortsetzte, aber nicht beendete. Das 81 Seiten umfassende, mit Kampfszenen illustrierte Prosamanuskript ist als Darstellung der großen Männer jener Zeit angelegt. Es verdankt sich vermutlich nicht nur Schillers Werk, sondern auch der dreibändigen, von Anton Gindely stammenden Darstellung dieses Krieges, die wenige Jahre zuvor in Prag erschienen war.

4. KRIEGSKNECHTS-RANG

Bei uns gibts nicht Edelinge,
die was gelten durch ihr Blut,
jedes Rang ist jedes Klinge,
und sein Wappen ist der Mut.

Wer nur immer kühn sein Schwert zog,
hält den Schild von Schande rein,
wer noch gestern unterm Heer zog,
Herzog kann er morgen sein.

Das Matthias-Tor auf der Prager Burg

Das von Kaiser Matthias 1614 errichtete *Matthias-Tor (Matyásova brána)*, das ursprünglich Teil der Befestigungsanlagen war und heute den ersten und zweiten Burghof des *Hradschin* voneinander trennt, gilt als frühestes Zeugnis des Prager Barock. Das sich zur Höhe einer Kirchenfassade erhebende Monument erhält seinen dekorativen Reiz vor allem durch das bekrönende kaiserliche Wappen. Die Torgänge der *Prager Burg* hatte Rilke bereits in seinem Gedicht ›Ein Adelshaus‹ erwähnt.

5. BEIM KLOSTER

Was gibts? – Eine Klosterpforte? –
Ei, Potz Blitz!
Eine Tür von dieser Sorte
renn ich ohne viele Worte
ein mit meiner Nasenspitz!

Auf das Tor ein fester Stempel ...
Pfaffe, komm!
Jetzt heraus mit deinem Krempel,
paar Monstranzen zum Exempel
und paar Kelche: wir sind fromm.

Laß jetzt dein: Peccavi, pater ...
Leucht zum Wein
uns mit deiner Nase, Frater,
dorten kannst du uns ein Rater
und ein ›Seelensorger‹ sein!

Klosterportal der Barmherzigen Brüder

Der 1930 veränderte Gebäudekomplex des *Klosters und Spitals der Barmherzigen Brüder (kostel svatého Šimona a Judy s nemocnicí)* liegt in der Prager *Altstadt* zwischen der *Barmherzigengasse (U milosrdných)* und dem Moldauufer *Am Frantischek (Na Františku)*. Hier wurden männliche Kranke jeder Religion und Nationalität aufgenommen und unentgeltlich gepflegt.

6. BALLADE

Gestern zogen wilde Horden
durch das Dörfchen hin mit Morden,
und ein Mädchen sinnt jetzt still:
Ist der Liebste untreu worden,
weil er heut nicht kommen will?
Draußen schrien die Dohlen.

Mädchen ging mit bleicher Wange
durch das Haus. – Sie harrte lange,
und des Nachts floh sie der Schlaf.
Und sie schlich hinaus zum Hange,
wo sie stets den Teuren traf.
Ängstlich schrien die Dohlen.

Und die Nacht war schwarz, die schwüle,
fern nur brannte eine Mühle . . .
Weinend wählt die matte Maid
sich gar weiches Kraut zum Pfühle
und entschlief in lauter Leid.
Schrieen noch die Dohlen?

Spät erwacht sie. Nebel grauten
rings – soweit die Augen schauten . . .
Weh! – Was sie ein Kraut geglaubt,
ist das Haar an ihres Trauten
blutigem, zerschelltem Haupt. –
Schrecklich schrien die Dohlen.

Blick auf Karlsbrücke und Hradschin

Die Geschichte der am Ufer der Moldau und auf den Inseln des Flusses gelegenen Prager Mühlen ist durch Feuersbrände bestimmt. So sind die bekannten *Odkolek-Mühlen (Odkolkovy mlýny)* auf der Insel *Kampa* 1561 und dann wieder am 29. Januar 1896 abgebrannt, also zu einem Zeitpunkt, als die ›Larenopfer‹ gerade erschienen waren. Die *Altstädter Mühlen*, deren Reuse rechts im Bild zu sehen ist, wurden 1576 durch Feuer gänzlich, 1582 und 1636 teilweise zerstört. 1648 belagerten die Schweden die Prager *Altstadt* und steckten sie vom *Petřín* aus mit Hilfe von Pechkränzen und Feuergranaten in Brand. 1678 wurden die Mühlen durch die Unvorsichtigkeit eines Müllerburschen neuerlich ein Raub der Flammen.

7. DER FENSTERSTURZ

»Naht Verrat mit leisem Schritte,
ungerächt, bei der Madonna,
bleibt er nicht! Nach alter Sitte
zu den Fenstern!« schrie Colonna.

»Schont den Popel! doch die andern,
jeder eine feige Natter,
aus den Fenstern laßt sie wandern!
Mitleid? – Werft ihn mit, den Platter!«

Bange hangt am Fensterstocke
Martinitz noch. – Da Geröchel:
Turn schwingt seine Degenglocke
und zerschmettert ihm die Knöchel.

Und zum nächsten: »Sag, wie heißt er,
Böhmens Herr? du sollst mirs deuten!«
»Graf von Turn!« – »Der Bürgermeister
lasse alle Glocken läuten!« –

Die Landtagsstube im Alten Königspalast

Die Abbildung zeigt die *Landtagsstube* im *Alten Königspalast (Starý královský palác)* auf der *Prager Burg (Hradčany)*. Am 23. Mai 1618 stürzten die Delegierten der protestantischen Stände Böhmens, die von Graf Heinrich Matthias Thurn von Valsassina (1567-1640) und Linhart Colonna von Fels († 1620) angeführt wurden, die beiden kaiserlichen Statthalter, die Grafen Jaroslaw Borsita Martiniz (1582-1649) und Wilhelm Slawata (1572-1652) zusammen mit ihrem Schreiber Philipp Fabricius Platter von Hohenfall, der im Gedicht als Popel (Dummkopf) bezeichnet wird, aus den Fenstern der *Alten Landtagsstube* in den Wallgraben der *Prager Burg* und lösten damit den Dreißigjährigen Krieg aus. Rilke bezeichnet diesen Vorgang als alte Sitte, weil Schiller in seiner ›Geschichte des Dreißigjährigen Krieges‹ mit Anspielung auf den ersten Prager Fenstersturz vom 30. Juli 1419 das Geschehen als »landesüblichen Brauch« bezeichnet hatte.

8. GOLD

»Dein Wams, Geliebter, ist voll Gold.
Wo hast das Gold du her?« –
»Da schaust du, Kind, das ist mein Sold,
kein Obrist hat wohl mehr!«

»Nein, das ist gutes, rotes Gold,
das kann dein Sold nicht sein!« –
»Beim Spielen war das Glück mir hold,
und da ward alles mein!«

»Ist wirklich alles dein – das Gold,
gesteh, – und ists kein Trug?« –
»Nun, Würfel haben mir gerollt,
und jetzt laß es genug!«

»Und gibst du mir auch von dem Gold?«
»Das weißt du!« – »Nein, du Schelm,
just auf der Stelle, sieh, ich wollt,
du füllst mir deinen Helm!«

»Es sei!« – »Wie's durch die Finger bebt,
der Glanz gefällt mir gut!«
– –
– –

. . . Schau, was dir da am Finger klebt,
kam das vom Golde? – Blut!« . . .
– –

Die Kleinseite

Nachdem die Schweden sich am 26. Juni 1648 in einem Handstreich der *Kleinseite* und des *Hradschins* bemächtigt hatten, plünderten sie die berühmte Kunstkammer Rudolfs II., beraubten die Klöster ihrer Bibliotheken, die Adelspaläste ihrer kostbaren Einrichtungen und erpreßten von der Bürgerschaft Wertgegenstände. Sie überführten diese Kriegsbeute in ihre Heimat, obwohl inzwischen der Westfälische Friede verkündet worden war. Auch die von Adriaen de Vries (um 1560-1626) geschaffenen, für eine Brunnenanlage bestimmten Bronzefiguren im Garten des *Waldstein-Palais* fielen ihnen zum Opfer. Bei den Plastiken, die heute dort aufgestellt sind, handelt es sich um Kopien aus den Jahren 1911/12.

9. SZENE

»Du kniest am Markstein, Alter, sprich! –
Das ist kein Heilgenbild!«
»Kein Bild? – Ich bet. – Es faßte mich
das Schicksal gar so wild.«

»Hast du kein Haus, hast du kein Land,
das deiner Hände braucht?«
»Das Land zerstampft, das Haus verbrannt,
sieh hin – gewiß – es raucht.«

»Was bauts nicht wieder auf dein Sohn
und hilft dir aus der Not?«
»Mein Sohn zog in den Krieg davon,
jetzt ist er sicher tot.« –

»Was streicht dir deines Haares Schnee
der Tochter Hand nicht, weich?«
»Der bracht ein Troßbub Schand und Weh,
da sprang sie in den Teich.« –

»So sieh mir ins Gesicht! – Und brach
das Herz dir auch vor Graus . . .«
– –
»Ich kann nicht, Herr, ein Kriegsknecht stach
mir beide Augen aus.«

Totenbretter – im Hintergrund der Arber

Von seinem Vater in soldatischem Geist erzogen, spielte Rilke als Kind mit Bleisoldaten, deren Anführer Wallenstein war. 1890 schrieb er ein Gedicht über Wallenstein. Aber schon als Grundschüler wußte er die Lehrer durch seine Kenntnisse über den Dreißigjährigen Krieg in Erstaunen zu setzen. Seine Vorliebe für das Militärische scheint sich sogar noch über den Zeitpunkt hinaus erhalten zu haben, an dem er seine Offiziersausbildung abbrechen mußte. Als Schüler der Linzer Handelsakademie schrieb der Sechzehnjährige beispielsweise: »der Militärstand ist der einzige Stand, für den ich tauge«, und wollte sich nach der Beendigung dieser Ausbildung als Einjährig-Freiwilliger aktivieren lassen.

10. FEUERLILIE

Winters, als die Äste krachten,
keine Bäche konnten frieren,
weil die Fluten Blutes ihren
Pulsschlag immer neu entfachten.

Als die Zeit kam, da die Blume
aufwacht und der Vogel flötet,
sprang die Lilie selbst gerötet
aus der todgedüngten Krume.

Eisgang auf der Moldau bei Slichow

In der Vorrede zu seiner ›Geschichte des Dreißigjährigen Krieges‹ schreibt Rilke, die ehemals gesegneten deutschen Länder seien infolge der Kampfhandlungen ein »weites wüstes Schlachtgefilde, bedeckt mit den Leichen vieler Tausende, gedüngt mit ihrem Blut und grell beleuchtet von den Flammen lodernder Dörfer und Burgen. Aller Friede zerstört, die Hoffnung des Volkes dahin, der Bürger notdürftig das wenige Brot erringend – Mord, Raub, das waren Mittel zum Zweck.«

11. BEIM FRIEDLAND

Heimgekehrt von Schlacht und Schlag
freut sich Obrist und Gemeiner;
denn jetzt hält der Wallensteiner
wieder seinen Hof zu Prag.

Just ließ frei den Turn er ziehn;
das war so von seinen Trümpfen
einer. – Drauf ward Nasenrümpfen
Mode . . . dort bei Hof zu Wien.

Laßt sie zetern. Friedlands Heer
muß nicht darben und nicht dürsten, –
und aus Knechten macht er Fürsten,
unser Herzog. – Wer kann mehr?

Die Loggia im Waldstein-Palais

Das Gedicht bezieht sich auf den letzten Lebensabschnitt Wallensteins. Er residierte in seinem Prager Palais, dessen sich in Rundbögen zum Park öffnende *Loggia* ihr Vorbild in der Gartenhalle des Palazzo del Te (1526-1534) in Mantua hat, nachdem er 1630 vom Kaiser entlassen worden war, und dann wieder von 1632 (nach der Schlacht von Lützen) bis zu seiner Ermordung im Februar 1634. Diese wurde durch das Mißtrauen verursacht, das sein Verhalten am Wiener Kaiserhof erweckt hatte. Über sein Heer berichtet Schiller: »Die Größe des versprochenen Soldes lockte Tausende herbei, und die reichliche Verpflegung, welche dem Soldaten auf Kosten des Landmanns zuteil wurde, war für den letztern eine unüberwindliche Reizung, lieber selbst diesen Stand zu ergreifen, als unter dem Druck desselben zu erliegen. [...] Wer mit eigenem Geld ein Korps aufstellte, war Kommandant desselben.«

Graf Heinrich Matthias von Thurn, einer der Wortführer der böhmischen Stände, die sich 1618 gegen den Kaiser erhoben hatten, war in schwedische Dienste getreten und kehrte 1631 mit den in Prag einmarschierenden Sachsen in seine Heimat zurück. Wallenstein verzog sich nach Pardubice und ließ erst im Mai 1632 Prag zurückerobern, ohne Thurn zur Rechenschaft ziehen zu wollen.

12. FRIEDEN

Prag gebar die Mißgestalt
dieses Krieges, der voll Tücke
hauste. – Auf der Karlsbrücke
starb er, dreißig Jahre alt.

Endlich riß das Eisenstück
nur dem Acker eine Schramme,
und vom Kirchturm schlug die Flamme
in den trauten Herd zurück.

Kampf der Studenten auf der Karlsbrücke gegen die Schweden

Das von Adolf Liebscher (1857-1919) unter Mitarbeit seines Bruders Karl Liebscher (1851-1906) geschaffene Diorama »Der Kampf der Studenten gegen die Schweden auf der Prager Brücke im Jahre 1648« dürfte neben dem *Waldstein-Palais* eine zweite wichtige äußere Anregung für Rilkes Interesse am Dreißigjährigen Krieg gebildet haben. Das Werk wurde zunächst 1891 auf der ›Landes-Jubiläums-Ausstellung‹ im Prager *Baumgarten (Stromovka)* gezeigt und anschließend in den *Pavillon* des tschechischen Touristenclubs gebracht, der sich neben dem im gleichen Jahr errichteten Aussichtsturm auf dem *Laurenziberg (Petřín)* befindet und später um ein Spiegelkabinett *(zrcadlové bludiště)* bereichert wurde. Nachdem sie im Sommer 1648 *Kleinseite* und *Hradschin* besetzt hatten, belagerten die Schweden die Prager *Altstadt*. Die Quellen berichten, daß bei diesen Gefechten der *Altstädter Brückenturm* sowie die ihm benachbarten *Altstädter Mühlen* und das *Kreuzherrenkloster* schwere Beschädigungen erlitten. Rilkes nirgends belegte Darstellung des Geschehens soll vermutlich die Nutzlosigkeit der schwedischen Angriffe verdeutlichen, die mit dem Westfälischen Frieden am 24. Oktober des Jahres ein Ende hatten.

BEI DEN URSULINEN

Geh mittags zu den Ursulinen,
wenn man den Armen Speise trug,
da siehst du, wie in müde Mienen
die Not schrieb ihren Namenszug.

Da siehst du Stirnen, die schon frühe
des Schmerzes Eisenreif umschloß,
und Wangen, die der Dunst der Brühe
mit falscher Röte übergoß.

Du hörst, wie leisem Dankesworte
sich Fluch bald, bald Gebet gesellt:
so brandet an der Klosterpforte
das ganze Elend dieser Welt.

Die Ferdinandstraße mit dem Ursulinerinnen-Kloster

Das in der zur Moldau führenden *Ferdinandstraße (Národní třída)* gelegene *Ursulinerinnen-Kloster (klášter voršilek)*, dessen Pforte ganz rechts im Bild zu sehen ist, stammt aus dem 17. Jahrhundert. Wenn der junge Rilke von seinem Zimmer in der *Herrengasse (Panská)* oder *Wassergasse (Vodičkova)* über den *Franzensquai (Smetanovo nábřeží)* und die *Karlsbrücke* zur *Kleinseite (Malá Strana)* wanderte, diesem »unvergleichlichen Viertel«, dessen Bauten nach seiner Auffassung mit Italien und Spanien zu wetteifern vermochten, mußte er an diesem Kloster vorbeikommen.

AUS DER KINDERZEIT

Sommertage auf der ›Golka‹ . . .
Ich, ein Kind noch. – Leise her,
aus dem Gasthaus klingt die Polka,
und die Luft ist sonnenschwer.

Sonntag ists. – Es liest Helene
lieb mir vor. – Im Lichtgeglänz
ziehn die Wolken, wie die Schwäne
aus dem Märchen Andersens.

Helene von Kutschera-Woborsky (rechts)

Helene von Kutschera-Woborsky (1865-1891) war eine Tochter von Wenzel Ritter von Kutschera-Woborsky und seiner Frau Gabriele, der einzigen Schwester von Rilkes Vater, bei der René Rilke seit 1892 wohnte. Die zweite Strophe des Gedichts spielt auf Hans Christian Andersens (1805-1875) Märchen ›Die wilden Schwäne‹ an.

Schwarze Fichten stehn wie Wächter
bei der Wiesen buntem Schatz;
von der Straße dringt Gelächter
bis zu unserm Laubenplatz.

An die Mauer lockt uns beide
mancher laute Jubelschrei:
drunten geht im Feierkleide
Paar um Paar zum Tanz vorbei.

Bunt und selig, Bursch und Holka,
Glück und Sonne im Gesicht! –
Sommertage auf der ›Golka‹, –
und die Luft war voller Licht . . .

Die Villa »Koulka« in Smichow

Das Gedicht beschwört Ausflüge der Familie Rilke in die ländliche Umgebung Prags am linken Moldauufer, und zwar zur *Villa Koulka* in *Smichow (Smíchov)*, aus der sich die Straßenbezeichnung *Ke koulce* (»Bei der Koulka«) entwickelt hat. Daraus entstand durch dialektale Einfärbung im Prager Deutsch das Wort »Golka«, das sich in der Schlußstrophe auf »Holka« reimt, der tschechischen Bezeichnung für »Mädchen«. Das Anwesen *(Konskriptionsnummer 189)* liegt an einer Kreuzung, die von den Straßen *Koulka, Křížová* und *Pod Kesnerkou* gebildet wird.

RABBI LÖW

⟨1⟩

»Weiser Rabbi, hoher Liva, hilf uns aus dem Bann der Not:
heut gibt uns Jehova Kinder, morgen raubt sie uns der Tod.
Schon faßt Beth Chaim nicht die Scharen, und kaum hat der Leichenwart
eins bestattet, nahen andre Tote; Rabbi, das ist hart.«

Und der Rabbi: »Geht und schickt mir einen Bocher rasch herein.« –
So geschiehts: »Wagst du nach Beth Chaim diese Nacht dich ganz allein?«
»Du befiehlst es, weiser Meister!« – »Gut, so hör, um Mitternacht
tanzen all die Kindergeister auf den grauen Steinen sacht.

Birg dich dorten im Gebete, und wenn Furcht dein Herz beklemmt,
streif sie ab: Du raubst dem nächsten Kinde kühn sein Leichenhemd.
Raubst es, – bringst es her im Fluge, her zu mir! Begreifst du wohl?«
»Wie du heißest tun mich, Meister, tu ich!« klingt die Antwort hohl.

Das Innere der Alt-Neu-Synagoge

Die Prager *Alt-Neu-Synagoge (Staronová synagóga)* im ehemaligen *Prager Ghetto* gilt als ältestes erhaltenes jüdisches Gotteshaus in Europa und als Wirkstätte des Jehuda Löw (auch Lewa oder Liva) ben Bezalel (1520-1609), der wegen seiner großen Gelehrsamkeit der Hohe Rabbi genannt wurde. Er kam 1574 zum erstenmal nach Prag und wurde dort 1597 Oberrabbiner. Er gilt der Sage als Schöpfer des Golem, eines künstlichen Menschen, dessen Gruft sich nach einer alten Prager Lokaltradition auf dem Dachboden der *Alt-Neu-Synagoge* befindet, in deren Versammlungsraum noch zu Rilkes Zeit der Lehrstuhl Jehuda Löws gezeigt wurde. »Beth Chaim«: Die hebräische Bezeichnung »Haus des Lebens« ist ein Euphemismus für Friedhof und meint hier den berühmten *Alten jüdischen Friedhof (Židovský hřbitov)* in Prag, der vom 15. bis zum Ende des 18. Jahrhunderts benützt wurde. Ein Bocher (jiddisch) ist ein *Talmud*-Schüler.

⟨2⟩

Mitternacht und Mondgegleiße, –
. . . und es stürzt der totenblasse
Bocher bebend durch die Gasse,
in der Hand das Hemd, das weiße.

Da jetzt . . . sind das seine Schritte? . . .
Jach kehrt er zurück das bleiche
Antlitz: Weh, die Kindesleiche
folgt ihm nach, im Aug die Bitte:

». . . Gieb das Linnen, ohne Linnen
lassen mich nicht ein die Geister . . .«
Und der Bocher, halb von Sinnen,
reicht es endlich seinem Meister.

Und schon naht der Geist mit Klagen . . .
»Sag, was sterben hundert binnen
Tagen? – Kind, du *mußt* es sagen,
früher darfst du nicht von hinnen.«

So der Rabbi. – »Wehe, wehe,«
ruft der Geist, »aus unserm Stamme
haben zwei entehrt der Ehe
keusche, reine Altarflamme!

Hier die Namen! – Sucht nicht fremde
Ursach, daß euch Tod beschieden . . .«
Und der Rabbi reicht das Hemde
jetzt dem Kinde: »Zieh in Frieden!«

Die Plattner-Gasse (Platnéřská) im Prager Ghetto

Der junge Rilke hat das Prager Ghetto, das seit 1897 saniert wurde, noch in seiner ursprünglichen Gestalt gesehen. Die seinem Gedicht zugrunde liegende jüdische Überlieferung findet sich mit geringen Abweichungen in den zuerst 1858 erschienenen Prager ›Sippurim-Sagen‹: Als Rabbi Löw nach der Ursache einer in der Prager Judenstadt wütenden Seuche sucht, die nur Kinder dahinrafft, führt ihn der Prophet Elias im Traum zum *Alten jüdischen Friedhof*, wo sich über den Gräbern die verstorbenen Kinder die Hände zum Totentanz reichen. In der darauffolgenden Nacht entwendet ein Schüler des Hohen Rabbi, der von ihm auf den Gottesacker geschickt wird, eines der Hemden, welche die Kinderseelen während ihres Tanzes abgestreift haben, und übergibt es seinem Auftraggeber.

⟨3⟩

Kaum, daß aus dem Nachtkelch maijung
stieg der Tag in rosgem Licht,
hielt der Rabbi schon Gericht, –
und der Unschuld ward Befreiung.

Mit der Geißel des Gesetzes
brandmarkt er die Sünderstirn; –
langsam löste jedes Hirn
sich vom Bann des Fluchgenetzes.

Manches Paar war da erschienen,
dankerfüllt, daß Gott verzieh,
und der Weise segnet sie. –
Freude lag auf aller Mienen.

Nur der Bocher warf, der bleiche,
sich im Fieber hin und her . . .
Doch nach Beth Chaim lange mehr
trug man keine Kindesleiche.

Das Grab des Rabbi Löw auf dem Alten jüdischen Friedhof

Das beraubte Kind verlangt vom Rabbi sein Kleid zurück, ohne das es bis in alle Ewigkeit rastlos zwischen Himmel und Erde umherschweben müsse. Der Rabbi kommt dieser Forderung erst nach, nachdem er erfahren hat, daß die Kinder sterben mußten, weil zwei jüdische Ehepaare untereinander Unzucht trieben. Nachdem die Übeltäter aus der Gemeinde ausgestoßen worden sind, erlischt die Seuche sofort.

DIE ALTE UHR

Bald hättest, alte Rathausuhr,
du nimmer dürfen Stunden weisen;
sie hätten bald im alten Eisen
versplittert deine letzte Spur.

Der Geizhals hätt zum letzten Mal
sein Haupt gewiegt in starrem Trotzen,
zum letzten Mal der Tod mit Glotzen
geschwungen seinen Sensenstahl.

Dann hätt der Hahn auch ausgekräht.
Und heut noch kräht er, freilich heiser;
noch nickt der Geizhals fort, und leiser
droht ihm des Todes Majestät.

Die astronomische Uhr am Altstädter Rathausturm

An der Südseite des *Altstädter Rathausturmes* befindet sich eine astronomische Uhr aus dem 15. Jahrhundert, die Tageszeit, Monate, den Lauf der Planeten und die Mondphasen anzeigt. Seit 1866 ziehen zu jeder vollen Stunde hinter zwei sich öffnenden Fenstern die zwölf Apostel vorbei. Danach läutet ein Totengerippe ein Glöcklein und dreht eine Sanduhr in seiner Linken um (der »Sensenstahl« fehlt), während der ihm spiegelbildlich zugeordnete, an seinem gefüllten Beutel erkennbare Geizhals nicht sehen will, daß ihm die Stunde geschlagen hat. Seit 1883 kräht zum Abschluß über den Fensteröffnungen ein Hahn. In den Jahren davor war der Gang der Uhr wegen Renovierungsarbeiten am Turm eingestellt worden.

KÄMPFEN

I

Ein heißer Eid, ein gramerpreßter,
der leicht von jungen Lippen rinnt,
der machte zur barmherzgen Schwester
fast über Nacht ein blondes Kind.

Des jungen Lebens Wellen fließen
fortan durch Krankenstuben still;
es träumt ihr Herz noch vom Genießen,
wenn auch das Aug es leugnen will.

Denn mit der Strenge der Asketen
drängt sie zurück, was in ihr quillt,
und geht um Kraft nach Emaus beten
zum wunderstarken Gnadenbild.

Die Muttergotteskapelle im Kloster Emaus

Das 1347 von Kaiser Karl IV. für slawische Benediktinermönche gegründete *Kloster Emaus (klášter Na Slovanech)* in der Prager *Neustadt* mit der 1372 geweihten *Marienkirche* war seit 1880 im Besitz der *Beuroner Benediktiner-Kongregation.* Dadurch nahm das Kloster eine Vorreiterrolle in der von den Beuronern geschaffenen neuen Kunstrichtung ein, die sich bald im Bilderschmuck der Kirche zeigte. Die Anlage wurde am Ende des Zweiten Weltkriegs bei einem Bombenangriff schwer beschädigt und seitdem teilweise wiederhergestellt. In dem 1949 aufgehobenen Kloster sind heute Behörden untergebracht.

SIEGEN

II

Der Tag beginnt sich kaum zu lichten;
»Heut sei im Glauben stark wie nie
und geh mit Gott an deine Pflichten:
Es ist ein Fall von Diphtherie . . .«

Sie pflegt und küßt den kleinen Kranken,
und doch packt ihn der Tod beim Hals . . .
Spät rafft sie auf sich, heimzuwanken,
erfröstelnd in den Schutz des Schals.

Als man vorbei beim Kloster gestern
den Kleinen trug ins Bett von Lehm,
klang aus der ›Kirche von den Schwestern‹
ganz leis ein Totenrequiem . . .

Kloster und Krankenhaus der Barmherzigen Schwestern

Mit der »Kirche von den Schwestern« ist die in der Mitte des letzten Jahrhunderts erbaute *Karl-Borromäus-Kirche (Kostel svatého Karla Boromejského)* gemeint, die zum *Kloster der Barmherzigen Schwestern (klášter Milosrdných)* gehört. Der Orden betrieb ein Krankenhaus, das heute unter weltlicher Leitung steht *(Nemocnice pod Petřínem)*. Das Areal liegt in der *Wälschen Gasse (Vlašská)*, die zum *Laurenziberg* führt.

IM HERBST

Ein Riesenspinngewebe, zieht
Altweibersommer durch die Welt sich; –
und der Laurenziberg gefällt sich
im goldig-bräunlichen Habit.

Weil er so mild herübersieht,
sucht müd, gestützt auf Strahlenkrücken,
die Sonne hinter seinem Rücken
schon frühe ihr Valladolid.

Blick auf den Laurenziberg

Der südlich der *Kleinseite (Malá Strana)* gelegene *Laurenziberg (Petřín)* mit der *St. Laurentius-Kirche*, dem 1891 errichteten *Aussichtsturm (rozhledna)* sowie dem benachbarten Spiegelkabinett *(zrcadlové bludiště)* und den sich an seinem Abhang erstreckenden Parkanlagen, die einen herrlichen Blick über die ganze Stadt erlauben, war ein beliebtes Ausflugsziel der Prager Bevölkerung.

DER KLEINE ›DRÁTENÍK‹

Kommt so ein Bursche, ein junger,
Mausfallen, Siebe am Rücken,
folgt mir durch Gassen und Brücken:
»Herr, ich hab 'türkischen Hunger'.

Nur einen Krajcar, nur *einen*
für ein Stück Brot, milost' pánků!«
Da! – Und er stammelt mir Dank zu,
doch läßt nicht Ruh er den Beinen.

Lebt nicht von bloßem Gelunger. –
Riecht an den Türen den Braten
und muß die Pfannen doch drahten –
leer: – das macht 'türkischen Hunger'.

Slowakische Rastelbinder bei der Arbeit

Die slowakischen Drahtbinder oder Kesselflicker, die auch ihrem Gewerk verwandten Hausrat feilboten, wanderten zu Rilkes Zeit durch die Prager Gassen, um zerbrochene irdene Töpfe in ein Drahtnetz einzubinden und auf diese Weise zu flicken. Mit dem Aufkommen von gußeisernem Hausgerät gerieten die Rastelbinder in eine wirtschaftliche Notlage, die sie allmählich zur Aufgabe ihres Berufs zwang.
»Krajcar« (Kreuzer) und »milost' pánků!« (typische Anredeform: »Gnädiges Herrchen!«) sind korrekte slowakische Sprachformen. Der sprichwörtliche türkische Hunger ist die gleichsam barbarische, unchristliche Spielart des Nahrungstriebs.

IN DER VORSTADT

Die Alte oben mit dem heisern Husten,
ja, die ist tot. – Wer war sie? – Du mein Gott,
sie gab uns nichts, – ihr gab man Hohn und Spott . . .
Kaum, daß die Leute ihren Namen wußten.

Und unten stand der schwarze Kastenwagen.
Die letzte Klasse; als der Totenschrein
sich spreizte, stieß man fluchend ihn hinein,
und dann ward rauh die Türe zugeschlagen.

Der Kutscher hieb in seine magern Mähren
und fuhr im Trab so leicht zum Friedhof hin,
als wenn da nicht ein ganzes Leben drin
voll Weh und Glück – und tote Träume wären.

Prager Leichenwagen

Offenbar gehört der Tod zu den frühen Grunderfahrungen Rilkes. Das erste erhaltene, noch aus der Grundschulzeit stammende und ›Klage über Trauer‹ betitelte Gedicht Rilkes beschreibt zwei Todesfälle, welche »ew'ge Nacht« zurücklassen. Als Rilkes Onkel und Förderer Jaroslav von Rilke starb, war er siebzehn, beim Tode von Jaroslavs Sohn Egon (1873-1880) fünf.

BEI ST. HEINRICH

Hart am Kirchenaltargitter,
wo die Ampel flammt, die matte,
schläft ein alter, alter Ritter,
unter grauer Wappenplatte.

Lebend hielt er hoch sein Wappen,
sorgte immer für sein Blinken; –
weiß er, daß mit schmutzgen Schlappen
alte Weiber drüber hinken?

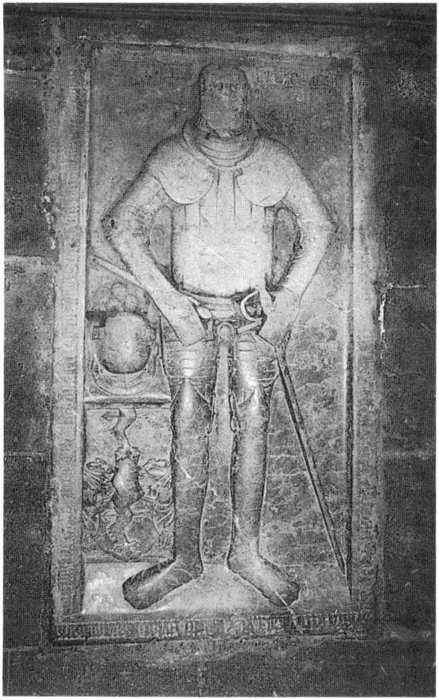

Grabplatte in der St. Heinrichs-Kirche

Auf dem Fußboden der in unmittelbarer Nähe der elterlichen Wohnung gelegenen *St. Heinrichs-Kirche*, in der Rilke getauft wurde, befindet sich eine aus dem 16. Jahrhundert stammende Grabplatte, die ihn wegen des darauf abgebildeten Ritters vermutlich schon als Kind beschäftigt hat. Denn unter seinen erhaltenen Kinderzeichnungen ist ein Aquarell, in dem der Kampf eines Ordensritters mit einem Drachen dargestellt ist. Carl Sieber beschreibt es auf diese Weise: »Das Pferd läßt er mit gebogenem Halse eine Anhöhe hinaufsprengen; der Ritter in rotem Mantel und roter Helmzier hebt die Lanze zum Stoß gegen ein zwischen zwei Palmen sich aufrichtendes krokodilköpfiges und schlangenschwänziges Ungeheuer.«

MITTELBÖHMISCHE LANDSCHAFT

Fern dämmert wogender Wälder
beschatteter Saum.
Dann unterbricht
nur hie und da ein Baum
die falbe Fläche hoher Ährenfelder.
Im hellsten Licht
keimt die Kartoffel; dann
ein wenig weiter Gerste, bis der Tann
das Bild begrenzt.
Hoch überm Jungwald glänzt
so goldig-rot ein Kirchturmkreuz herüber,
aus Fichten ragt der Hegerhütte Bau; –
und drüber
wölbt sich ein Himmel, blank und blau.

Lautschin

Die Ferienwochen im Juli und August pflegte Rilke mit seiner Mutter außerhalb Prags zu verbringen, und zwar meist in böhmischen Sommerfrischen, manchmal auch in Oberitalien oder, wie 1891 und 1896, in Prager Vororten. Nach bestandenem Abitur durfte Rilke als besondere Belohnung und zur Wiederherstellung seiner angegriffenen Nerven nach Misdroy an die Ostsee fahren.
Den August 1894 verbrachte Rilke im böhmischen *Lautschin (Loučeň)*, Kreis *Nimburg (Nymburk)*, wo das Gedicht ›Mittelböhmische Landschaft‹ entstand. Im Sommer 1910 und 1911 ist er neuerlich in *Lautschin*, diesmal als Gast der Fürstin Marie von Thurn und Taxis (1855-1934), die er 1909 in Paris kennengelernt hatte. Rückblickend schreibt er: »In Lautschin ist man fast den ganzen Tag draußen, der Park ist schattig, die Wälder gehören zu den schönsten, die ich kenne, und für die heißesten Stunden giebt es im Schloß kühle Zuflüchte, die zum Überfluß voller Bücher stecken«. Die Fürstin war seit dieser Zeit Rilkes mütterliche Freundin und eine wichtige Korrespondenzpartnerin.

DAS HEIMATLIED

Vom Feld klingt ernste Weise;
weiß nicht, wie mir geschieht . . .
»Komm her, du Tschechenmädchen,
sing mir ein Heimatlied.« –

Das Mädchen läßt die Sichel,
ist hier mit Husch und Hui, –
setzt nieder sich am Feldrain
und singt: »Kde domov můj« . . .

Jetzt schweigt sie still. Voll Tränen
das Aug mir zugewandt, –
nimmt meine Kupferkreuzer
und küßt mir stumm die Hand.

Das Geburtshaus Kajetán Tyls in Kuttenberg (Kutná Hora)

Das letzte Gedicht der Sammlung greift auf das Gedicht ›Kajetán Tyl‹ zurück, in dem ebenfalls des Liedes ›Kde domov můj?‹ Erwähnung getan wurde, und weist auf diese Weise dem tschechischen Volk den Besitz einer – wenngleich schwermütigen – Heimat zu, die dem an seiner unglücklichen Kindheit leidenden Schreiber verwehrt bleiben mußte.

EIN PRAGER PANORAMA

René Rilkes Gedichtsammlung »Larenopfer«

Von Hartmut Binder

Entstehung

Die ›Larenopfer‹ sind von der zeitgenössischen Kritik wohlwollender aufgenommen worden als von der späteren Rilke-Forschung. In literaturwissenschaftlichen Arbeiten wird die überbordende lyrische Produktion des jugendlichen Autors mit dem Frühwerk Hofmannsthals und Georges verglichen, die im entsprechenden Alter Besseres geleistet hätten.[1] Vergessen wird bei solcher Gegenüberstellung einmal, daß Rilke, nachdem er 1892 seine Ausbildung an der Handelsakademie in Linz hatte abbrechen müssen, als »Erschöpfter, körperlich und geistig Mißbrauchter, verspätet, sechzehnjährig, vor der ungeheueren Aufgabe« gestanden hatte, »die unbeschreiblichen Versäumnisse nachzuholen und in die Wege zu münden«, auf denen seine »ursprünglichsten Antriebe« ihn »doch noch voranjagen konnten«.[2] Daß ihm in den zweieinhalb Jahren, in denen er den gesamten gymnasialen Lehrstoff zu bewältigen hatte, eine, wie er rückblickend schreibt, gelassene, aufnehmende Lektüre und damit eine organische Entwicklung seiner literarischen Begabung verwehrt sein mußte, leuchtet ein. Es blieb ihm durchaus nicht erspart, Vergleiche mit Gleichaltrigen anzustellen, die er »alle in unvergleichlich klareren und normaleren Verhältnissen« antraf.[3]

Andererseits muß bei der Beurteilung der ›Larenopfer‹ berücksichtigt werden, daß die in dieser Sammlung vereinten Gedichte wesentlich früher entstanden sind als allgemein angenommen. Peter Demetz war in seinem Buch ›René Rilkes Prager Jahre‹ fälschlicherweise davon ausgegangen, der Band sei Weihnachten 1896 erschienen,[4] zu einem Termin also, als Rilke Prag bereits verlassen hatte und in München zu neuen Ufern aufgebrochen war. Unrichtig ist auch die allgemein anerkannte

Auffassung, die im Dezember 1895 veröffentlichte Sammlung sei, von drei Ausnahmen abgesehen, erst im Herbst dieses Jahres geschrieben worden.[5] Mit Sicherheit läßt sich dieser Zeitraum der Entstehung nämlich lediglich für einen einzigen Text namhaft machen, weil der in seinem Titel (›Als ich die Universität bezog‹) in Erscheinung tretende Sachverhalt erst mit dem Beginn des Wintersemesters 1895/1896 Wirklichkeit geworden war. Außerdem besteht eine gewisse Wahrscheinlichkeit dafür, daß ›An Julius Zeyer‹ im Spätjahr 1895 entstanden ist, weil Rilke den verehrten tschechischen Dichter, dem er im Oktober begegnet war, in diesem Gedicht direkt anspricht. Zwingend ist diese Annahme freilich keineswegs, da eine Zueignung dieser Art eine persönliche Bekanntschaft mit dem Objekt der Bewunderung nicht unbedingt voraussetzt und Rilke mit dem Leben und Werk Zeyers durch seine damalige Freundin Valerie von David-Rhonfeld, der Lieblingsnichte des Dichters, schon mindestens seit dem Jahre 1894 vertraut war, in dem er ihm übrigens ebenfalls schon literarisch gehuldigt hatte.[6] Denkbar wäre schließlich, daß die wenigen naturalistischen Texte, die Leben und Leid einfacher Leute abzubilden suchen, in diesem Herbst 1895 entstanden sein könnten. Denn im September hatte Rilke unter dem Eindruck einer Aufführung von Max Halbes Drama ›Jugend‹,[7] das naturalistische Milieuschilderungen mit der Stimmungskunst des Volkslieds verband, sein Stück ›Im Frühfrost‹ ausgearbeitet, das entsprechenden Tendenzen huldigt und deswegen lyrische Weiterungen im Gefolge gehabt haben mag. Das vermutlich Anfang des darauffolgenden Jahres entstandene einaktige Drama ›Jetzt und in der Stunde unseres Absterbens‹ erlaubt den Schluß, daß Rilkes naturalistische Phase Ende 1895 ihren Höhepunkt noch nicht erreicht gehabt hat.

Andere Texte der ›Larenopfer‹ sind aber mit Sicherheit zeitlich viel früher anzusetzen. ›Bei St. Heinrich‹ wurde am 22. März 1895 geschrieben, ›Mittelböhmische Landschaft‹ sogar schon am 19. Juli des Vorjahres.[8] Weiterhin wird man nicht annehmen wollen, ›Land und Volk‹, ›Sommerabend‹ und die beiden ›Im Sommer‹ betitelten Gedichte verdankten sich trüber spätherbstlicher Atmosphäre, wie sie um Allerseelen zu herrschen pflegt. Man wird sie vielmehr in der Jahreszeit ausgeformt denken, die sie zum Gegenstand haben, zumal es sich hier um mehrere, dem gleichen Sujet verpflichtete Texte handelt, die einen längeren Entstehungszeitraum voraussetzen. Dasselbe gilt für das Lenzgold, das in ›Maitag‹, ›Frühling‹ und ›Wenn es Frühling wird‹ beschworen wird. Diese drei Titel dürften spätestens im Frühjahr 1895 konzipiert worden sein. Schwer vorstellbar ist auch, daß Rilke innerhalb einer einzigen, vergleichsweise kurzen Arbeitsphase mehrere Gedichte über ein und dasselbe Bauwerk geschrieben haben sollte, so beispielsweise über die Prager Burg (›Ein Adelshaus‹ und ›Der Hradschin‹).

Außerdem kann vorausgesetzt werden, daß lyrische Arbeiten, die sich konkreten Anlässen, insbesondere aber einmaligen Vorkommnissen verdanken, nicht jahrelang post festum niedergeschrieben worden sein können, sondern mehr oder weniger unter dem unmittelbaren Eindruck der Geschehnisse formuliert wurden, gerade im Falle Rilkes, der in seiner Jugend mit ungewöhnlich leichter Feder arbeitete. Unter dieser Voraussetzung ergeben sich für mindestens drei weitere Gedichte Entstehungsdaten, die mit Sicherheit vor dem Herbst 1895 liegen müssen: ›Kajetán Tyl‹ ist die Frucht eines Ausstellungsbesuchs, der höchstwahrscheinlich im Mai oder Juni dieses Jahres stattgefunden haben muß.[9] Dasselbe gilt für das Gedicht ›Der letzte Sonnengruß‹, denn dieses bezieht sich auf ein Bild, das Rilke im Frühjahr 1894 gesehen hatte.[10] ›Gerichtet‹ schließlich verdankt seine Entstehung oder endgültige Ausprägung der überraschenden Nachricht vom Tode des tschechischen Malers Jan F. Gretsch im Juni 1894 und seinem Gemälde ›Salvatorlegende‹, mit dem Rilke schon 1893 bekannt geworden sein muß.[11]

Die an einzelnen Texten belegbare These, die Entstehung der ›Larenopfer‹ habe sich über einen viel längeren Zeitraum hingezogen, als bisher bekannt war, wird noch durch die Schaffensbedingungen erhärtet, denen Rilke nach seiner Rückkehr aus Linz unterlag. Nachdem er Anfang Juli 1895 sein Abitur am Prager Graben-Gymnasium (heute Na příkopě Nr. 16) bestanden hatte, fuhr er nach Dittersbach (Jetřichovice) im Elbsandsteingebirge, von wo aus er die Ruine Tollenstein (Tolštejn) aufsuchte, die er schon vom Sommer 1892 her kannte.[12] Eindrücke dieser Reise und eines in den April des Jahres fallenden Aufenthalts im südböhmischen Krummau (Český Krumlov) sind in der Prosaskizze ›Böhmische Schlendertage‹ niedergelegt, die im Juli und im Oktober in Prag formuliert wurde.[13] Im August begab sich Rilke nach Misdroy an der Ostsee, um sich von den Strapazen der Prüfungszeit zu erholen. In seinem Gedicht ›Rückschau‹ hat er diese Lebensphase als Ramadan seiner Poesie bezeichnet, als Fastenmonat also, der »keine Lieder hat« und ihn »um ein Haarbreit [...] ganz verstummt gemacht« hätte.[14]

In Misdroy, wo er »unvergleichlich schöne Wochen« verbrachte,[15] wird der weitgehend verlorene[16] Gedichtkreis ›Strandgut‹ begonnen, den er im September in Prag abschließt. In der zweiten September-Hälfte schreibt er das Drama ›Frühfrost‹. In diesem Herbst verkehrt er außerdem im ›Verein deutscher bildender Künstler in Böhmen‹, wo er die Bekanntschaft Karl Krattners, Emil Orliks und Hugo Steiners macht. Im Oktober liest er Julius Zeyer aus dem Manuskript der ›Larenopfer‹ vor, die zu diesem Zeitpunkt fast druckfertig gewesen sein müssen, denn andernfalls hätten die Korrekturvorgänge nicht schon am 12. Dezember beendet sein können.[17] Man darf annehmen, daß Rilke zwischen Ende September und Ende Oktober die Sammlung zusammenstellte, also die Texte aus einem viel größeren Bestand auswählte, überarbeitete, wo es nötig war, und dann ins reine schrieb. Stellt man zusätzlich in Rechnung, daß er in diesen Wochen zugleich mit verschiedenen Publikationsorganen wegen der Veröffentlichung anderer Werke in Verbindung stand, daß er den Plan hatte, eine Novellensammlung führender Autoren herauszugeben,[18] und daß Anfang November die Vorlesungen an der Universität begannen, ist schwer vorstellbar, wie er in diesen arbeitsreichen Wochen die Zeit gefunden haben sollte, eine derart große Zahl von Gedichten zu schreiben, die von weit auseinanderliegenden Ereignissen, den verschiedenen Jahreszeiten sowie zahlreichen Spaziergängen und Ausflügen zu Prager Monumenten und Sehenswürdigkeiten in der näheren und weiteren Umgebung der Stadt veranlaßt worden sind.

Andererseits ist zu bedenken, daß Rilkes lyrischer Erstling ›Leben und Lieder‹, der Ende 1894 gedruckt wurde, keineswegs bloß die Produktion aus dem Erscheinungsjahr selbst, sondern vor allem Arbeiten enthält, die zwischen September 1891 und April 1892 in Linz, im darauffolgenden Sommer im nordböhmischen Schönfeld (Tuchomyšl) sowie anschließend in Prag entstanden waren. Schon am 3. Januar 1893 hat er nämlich das Manuskript dem Stuttgarter Verlag J. G. Cotta zum Druck angeboten, ohne damit freilich Erfolg zu haben.[19] Nach den Erinnerungen von Valerie von David-Rhonfeld, der Rilke ›Leben und Lieder‹ in einer gedruckten Widmung zugeeignet hat, sind später nur noch einige wenige Gedichte aus dem Jahr 1893 der Sammlung einverleibt worden.[20]

Aus diesen Daten ergäbe sich unter der bisher allgemein akzeptierten Voraussetzung, die ›Larenopfer‹ seien im Herbst 1895 entstanden, die gänzlich unwahrscheinliche Schlußfolgerung, daß die lyrische Produktion des Jahres 1894, von einer einzigen Ausnahme abgesehen, nicht in den zeitlich nächstfolgenden Gedichtband Rilkes eingegangen, sondern erst in den Sammlungen ›Traumgekrönt‹ (1896) und ›Advent‹ (1897) gedruckt worden sei. Naheliegender und psychologisch verständlicher ist demgegenüber die Annahme, Rilke habe in den ›Larenopfern‹ vor allem Gedichte vereint, die unmittelbar nach den Versuchen entstanden sind, die er in ›Leben und Lieder‹ veröffentlicht hatte. Dafür spricht auch, daß sich in den Lyrikbänden von 1896 und 1897 teilweise Gedichte finden, die schon Jahre zuvor geschrieben wurden, die Druckdaten in diesen Fällen also teilweise ebenfalls beträchtlich hinter den Entstehungszeiten der Texte hinterherhinken.

Die vorgetragenen Argumente führen zwangsläufig zu dem Ergebnis, daß die in den ›Larenopfern‹ vereinten Gedichte schon 1893, vor allem aber 1894 und im ersten Drittel des Jahres 1895 geschrieben worden sein müssen. In den Monaten Mai und Juni, die wegen der anstehenden Reifeprüfung weitgehend »sanglos« waren,[21] und in der zweiten Jahreshälfte, die durch andere Aktivitäten belegt war, können nur ganz vereinzelt Texte dazugekommen sein.

Dieser zeitliche Ansatz ist besonders gut mit dem psychischen Nährboden zu vereinbaren, der als Voraussetzung für die Genese dieses Prag-Zyklus bestanden haben muß: Rilke hätte zwischen seinem zehnten und sechzehnten Lebensjahr, als er in St. Pölten, Mährisch-Weißkirchen (Hranice) und Linz zur Schule ging, höchstens während der Sommerferien Gelegenheit gehabt, das kindliche Bild, das er von seiner Heimatstadt in sich trug, entsprechend der inzwischen erfolgten Reifung seiner Persönlichkeit zu vertiefen. Aber diese Zeit pflegte er mit seiner Mutter in böhmischen Sommerfrischen zu verbringen. Als er dann, knapp siebzehnjährig, nach Prag zurückkehrte, mußte er, dem das Schreiben inzwischen zum Mittelpunkt seiner Bestrebungen geworden war, die Stadt und ihre Monumente mit neuen Augen sehen und sich deswegen in dem Maße, in dem er sie sich auf Spaziergängen neuerlich zu eigen machte, zu entsprechenden literarischen Gestaltungen gedrängt sehen. Demgegenüber ist es denkbar unwahrscheinlich, daß er erst im Herbst 1895, nachdem er drei Jahre lang seine Heimat durchstreift hatte – gewiß häufig genug in Begleitung seiner Freundin Valerie von David-Rhonfeld –, gleichsam auf einen Schlag deren Schönheiten entdeckt und in hundert Gedichten abgefeiert haben sollte.

Es handelt sich also bei den ›Larenopfern‹ im wesentlichen um die Hervorbringungen eines achtzehn-, höchstens neunzehnjährigen Schülers, nicht um Werke eines einundzwanzigjährigen Studenten.[22] Die Entwicklung, die in der Abfolge der ersten von Rilke herausgegebenen Gedichtsammlungen festzustellen ist, beruht deswegen nicht ausschließlich auf dem Reifungsprozeß, den der jugendliche Autor in dieser Zeit durchlaufen hat, sondern ist auch das Ergebnis verbesserter Auswahlkriterien. Auf diese Weise erklärt sich die folgende, sonst kaum verständliche Bewertung, die Rilke selbst im Rückblick seinem gedruckten Frühwerk zuteil werden ließ:

»Mein Können war damals so gering, mein Fühlen unreif und verängstigt, und es kommt noch dazu, daß ich für alle ersten Veröffentlichungen immer das Schlechteste und Unpersönlichste zusammenstellte, weil ich mich nicht entschließen konnte, das, was mir wirklich lieb war, preiszugeben; das wurden denn natürlich erbärmliche Bücher.«[23]

Die vorgetragenen chronologischen Erwägungen sind geeignet, den Einfluß zu unterstreichen, den Rilkes erste Liebe[24] auf die Entstehung und Thematik der ›Larenopfer‹ genommen haben muß. Er hatte Valerie von David-Rhonfeld (1874-1947) im Januar 1893 kennengelernt, sich sofort zu dem künstlerisch begabten Mädchen hingezogen gefühlt und ihm in der Folgezeit in zahlreichen überschwenglichen Briefen und Gedichten seine Liebe beteuert. Er besuchte sie häufig in ihrem behaglichen Heim im Stadtteil Vinohrady, wo sie ihm beim Lernen half. Im Sommer 1895 kühlte die Beziehung ab, vielleicht weil andere Frauen in seinen Gesichtskreis traten, im Dezember des Jahres trennten sie sich auf seinen Wunsch hin.[25]

Valeries Großmutter mütterlicherseits entstammte einer alteingesessenen jüdischen Familie und hatte einen Holzindustriellen geheiratet, der aus dem Elsaß eingewandert war. Ein Bruder ihrer Mutter, Julius Zeyer, hatte sich ans Tschechische assimiliert und war gerade zu der Zeit, als Rilke mit Valerie bekannt wurde, als Schriftsteller zu großem literarischem Ansehen gelangt. Aufgrund der Zwischenstellung, die ihre Familie wegen ihrer Herkunft im Prager Nationalitätenhader einnahm, war Valerie besonders befähigt, Rilke die Augen für die tschechische Kultur zu öffnen, die ihm aufgrund seiner bisherigen Erziehung verborgen geblieben sein mußte. Seine Mutter vertrat einen für die Prager Deutschen typischen Nationalismus, der die in der Stadt lebende tschechische Majorität als Dienstbotenvolk betrachtete, nicht aber als eine der eigenen gleichrangige Kulturnation, als die sie sich schon seit langem darstellte. Die Überheblichkeit der durch die politischen Verhältnisse privilegierten deutschen Oberschicht, die in Rilkes Fall durch die enttäuschten Karriere-Erwartungen seines Vaters noch verstärkt worden sein mögen, zeigte sich unter anderem in einer allgemein verbreiteten Weigerung, Tschechisch zu lernen. Rilkes Mutter, frustriert wegen der wenig erfolgreichen beruflichen Laufbahn ihres Mannes, lehrte ihren Sohn schon im Vorschulalter französische Ausdrücke, damit er in dieser Sprache antworten könne, falls er tschechisch angesprochen werde.[26] Es war deswegen selbstverständlich, daß er nicht am freiwilligen Tschechisch-Unterricht teilgenommen hat, der an der von ihm besuchten deutschen Knabenvolksschule des Piaristen-Ordens angeboten wurde.[27]

Die Behauptung Carl Siebers, daß Rilke »kein Wort tschechisch« gesprochen habe,[28] und die Tatsache, daß er sich in einem Brief an den Schriftsteller Svatopluk Čech »gute Übersetzungen jung-tschechischer Lyrik« erbat, die er der Berliner Redaktion der ›Neuen litterarischen Blätter‹ versprochen hatte,[29] waren für Peter Demetz ausreichender Beleg dafür, daß Rilke dieser Sprache nicht mächtig und »auf jene eigentümliche und nicht übermäßig reizvolle Mischung von falsch ausgesprochenen tschechischen Vokabeln und deutscher Syntax« angewiesen gewesen sei, wenn er sich habe mit Tschechen verständigen müssen.[30]

Daß Rilke von Čech und anderen Autoren Übersetzungen aus dem Tschechischen anforderte, muß jedoch nicht heißen, daß er die Originaltexte überhaupt nicht verstand. Es kann vielmehr genausogut bedeuten, daß er keine Lust hatte, sie selbst zu übersetzen,[31] oder daß er sich, wie aus einem seiner Briefe hervorgeht, für die Verdeutschungen als solche interessierte,[32] eine Aussage, die natürlich nur dann Sinn macht, wenn er diese Übertragungen am Originaltext überprüfen konnte. Falls er wirklich nur jenes Kuchel-Böhmisch gesprochen hätte, das ihm unterstellt wird, wäre er auch wohl kaum imstande gewesen, in seinem Gedicht ›Der kleine Dráteník‹ slowakische Wortformen korrekt wiederzugeben, die ausschließlich von Drahtbindern gebraucht wurden, welche sich dieser Sprache bedienten.[33]

Vor allem aber hätte Demetz wissen müssen, daß die aus den böhmischen Kronländern stammenden Zöglinge österreichischer Militärrealschulen in der Zeit der Donaumonarchie obligatorischen Tschechischunterricht genossen. Selbstverständlich traf dies auch für Rilke zu. Seine Zeugnisse aus der St. Pöltener Militärunterrealschule zeigen mit Ausnahme des ersten Halbjahrs, wo in den Listen ein »gut« erscheint, im Tschechischen durchweg die Note »sehr gut«.[34] Da sich dieser Unterricht in Mährisch-Weißkirchen fortsetzte, nicht jedoch in der Handelsakademie in Linz,[35] hat Rilke fünf Jahre lang mit sehr gutem Erfolg Tschechisch gelernt, wobei allerdings einschränkend zu bemerken ist, daß dieses Fach in den ersten beiden Jahren lediglich einstündig, in den folgenden zweistündig gelehrt wurde, während Französisch in der ersten Klasse vierstündig, dann aber dreistündig gegeben wurde.[36]

Angesichts der ungewöhnlichen Sprachbegabung Rilkes, der auf der Grundlage der in St. Pölten und Mährisch-Weißkirchen erworbenen Kenntnisse später perfekt französisch lernte, darf erwartet werden, daß ihm das Tschechische, wenngleich in minderem Maße, geläufig war, als er 1892 in seine Heimatstadt zurückkehrte. Es ist anzunehmen, daß seine Begegnung mit Valerie zu einer Beschäftigung mit der tschechischen Dichtung geführt hat, in deren Verlauf er sein diesbezügliches Wissen durch das Studium literarischer Texte im Original zu vertiefen suchte. Für diese Vermutung spricht sowohl, daß in seinen an Valerie gerichteten Briefen seit Ende 1893 tschechische Wörter und Wendungen auftauchen,[37] als auch der Umstand, daß tschechische Texte nachweislich durch seine Hände gegangen sind.[38] Das Ergebnis war, daß er als Prager Student, wie der persönlich mit ihm bekannte Schriftsteller Jiří Karásek ze Lvovic überliefert, flüssig tschechisch sprach, wenngleich natürlich nicht fehlerlos und ohne die Ausdrucksfähigkeit seiner Muttersprache zu erreichen.[39] Diese Behauptung wird durch einen Brief Rilkes bestätigt. In dem undatierten, auf Anfang 1896 fixierbaren Schreiben,[40] das an Ottilie Malybrock-Stieler gerichtet ist, heißt es nämlich:

»Die Dichtungen Julius Zeyers, den ich zu meinen Freunden und Gönnern rechnen darf, und den ich hochschätze als Mann wie als Meister, habe ich Dank Ihrer trefflichen Übersetzertätigkeit kennen lernen dürfen; denn das Lesen im Original verursacht mir die ziemlich mangelhafte Kenntnis der Sprache manche Schwierigkeit; nur manche Schönheit von Sinn und Form, zumal jene feinen, romantischen Geist atmenden Wendungen, wie Zeyer sie liebt, sind mir im Kampfe mit kargem Können entgangen. So mehr Dank gebührt Ihnen, gnädigste Frau, für ihre feinfühligen Verdeutschungen, die nicht den Sinn allein, auch die Stimmung mitzuübernehmen gewußt haben.«[41]

Rilke stellt hier das Licht seines tschechischen Sprachvermögens eher unter den Scheffel, weil er, wie häufig in diesen frühen, literarischen Belangen gewidmeten Briefen, der Adressatin schmeicheln will, denn wie könnte er sonst gleich anschließend behaupten, die ›Tři legendy o krucifixu‹, die Zeyer ihm kurz zuvor zugeeignet hatte, zeigten eine scharfe Zeichnung und eine wahrhaftige Kunst der Charakterisierung? Daß er später das Tschechische weitgehend vergaß, ist eine andere Sache,[42] die übrigens durch einen Brief aus dem Jahr 1920 erhärtet wird, in dem er schreibt, er habe seine Heimat zu früh verlassen, um eine solide Kenntnis der tschechischen Sprache mitnehmen zu können, so daß die wenigen Elemente, über die er verfügt habe,[43] später durch das Russische ersetzt worden seien.[44]

Die Tatsache, daß Rilke tschechisch verstand und mit einem Mädchen befreundet war, das einen bekannten tschechischen Schriftsteller zum Onkel hatte, erleichterte und förderte die damals von ihm betriebene Aneignung der tschechischen Kulturszene, die in den ›Larenopfern‹ auf eindrucksvolle Weise zutage tritt. Denn immerhin werden in dieser Sammlung drei tschechische Schriftsteller (Tyl, Vrchlický und Zeyer), drei tschechische Maler (Gretsch, Knüpfer und Liebscher), ein tschechischer Musiker (Smetana) und ein tschechischer Reformator (Hus) Gegenstand der Betrachtung, während das deutsche Kulturerbe lediglich in einer flüchtigen Erwähnung Schopenhauers, das deutsche Prag allein in der Gestalt Kaiser Rudolfs II. in Erscheinung tritt, nicht etwa als Huldigung an große, in der Stadt wirkende Baumeister oder Bildhauer wie Peter Parler, Benedikt Ried, Ignaz Kilian Dientzenhofer oder Maximilian Brokoff, deren Schöpfungen durchaus Gegenstand der Darstellung sind. Entsprechend dieser Akzentuierung betrachtete Rilke seine Gedichtsammlung als »Accord des Friedens«, der »im rauschenden Kampfgetümmel« seine Sympathie für das tschechische »Volk und seine künstlerischen Bestrebungen« ausdrücken und das in der Stadt herrschende »Kastenwesen der Nationen« durchbrechen wollte.[45] Diese Absicht wurde nicht nur von Zeyer und Vrchlický verstanden, sondern auch von der tschechischen Öffentlichkeit. So brachte die Zeitschrift ›Rozhledy‹ im April 1896 eine ungezeichnete, aber von dem Literaturkritiker František V. Krejčí stammende Besprechung der ›Larenopfer‹, in der es heißt, die Sympathie zum Tschechischen sei bei diesem deutschen Autor ein Zeichen großer Kühnheit und Originalität: »Wir begrüßen Herrn Rilke auf diesem Wege als einen im höchsten Maße berufenen Vermittler zwischen zwei sich entfremdeten kulturellen Welten.«[46] Daß Rilke gleichwohl den Vorstellungen seiner deutschen Herkunft verhaftet blieb, wenn er das Kunstschaffen der Tschechen in gewisser Weise auf das Volkstümliche einzuschränken suchte,[47] darf dabei nicht verwundern, vor allem dann nicht, wenn man berücksichtigt, daß das Prager Deutschtum im wesentlichen dem Mittelstand zugehörte, die unteren Schichten der Bevölkerungspyramide also fehlten; ersehntes Volk konnte in dieser Stadt demnach immer nur das tschechische Volk sein.

Valerie

Die Beziehung zwischen Rilke und der um ein Jahr älteren Valerie von David-Rhonfeld ist von der Forschung unterschiedlich bewertet worden. Carl Sieber, Rilkes Schwiegersohn, schreibt darüber:

»Valery oder Vally David-Rhonfeld war die Tochter eines österreichischen Artillerieoffiziers und wohnte in Prag-Weinberge in einem Hause, das Rilkes Großvater Entz gehörte. Sie war befreundet mit Gisela Mähler von Mählersheim, Rilkes Cousine [sie war die Tochter von Charlotte Mähler von Mählersheim, der Schwester von Rilkes Mutter]; durch sie lernte Rilke sie kennen.«[48]

Der erste Biograph des jungen Rilke versteht die Beziehung als »Liebelei« einer launenhaften Frau, die ihren Partner mit kleinen Gunstbezeigungen hingehalten habe, während dieser wiederum durch das exzentrisch genialische Benehmen Valeries angezogen worden sei, das seiner damaligen, durch die gescheiterte Offiziersausbildung verursachten Abkehr von der bürgerlichen Welt in besonderer Weise entsprochen habe.[49] Indem Sieber Valerie von David-Rhonfeld das Adelsprädikat verweigert, verschweigt, daß sie zum Teil jüdische Vorfahren hatte, und ihr statt dessen als kennzeichnende Attribute ein rotes Empirekleid und einen weißen Schäferstab zuerteilt,[50] kann der Eindruck entstehen, als habe es sich bei Rilkes Freundin um eine wildgewordene Bürgerstochter gehandelt, deren soziale Stellung kaum derjenigen der Familie Rilke entsprochen habe. In Wirklichkeit verhält es sich eher umgekehrt. Die Väter von Gisela Mähler von Mählersheim und Valerie, deren Onkel, Exzellenz Emil von David-Rhonfeld, Statthalter von Dalmatien war, bekleideten den Rang eines Obersten, während Rilkes Vater, der finanziell nicht einmal die Ausbildung seines einzigen Kindes zu bezahlen vermochte, verbittert aus der Armee geschieden war, weil man ihm das Offizierspatent verweigert hatte. Das schöne, reiche Mädchen von Familie ließ sich mit einem jüngeren Gymnasiasten ein, der eben als Offizierszögling und Handelsschüler gescheitert war, und zwar unter dem heftigen Protest ihrer Angehörigen. Man duldete die Besuche Rilkes zunächst nur, weil man mit seinen Verwandten, der Familie von Mählersdorf, befreundet war, deren gesellschaftlicher Status selbstverständlich weit über dem der Eltern Rilkes lag.[51]

Dazu kam, daß der Gedichte schreibende, durch Selbstmord gefährdete junge Mann in seinem Äußeren keineswegs den Vorstellungen entsprach, die sich ein Prager Mädchen aus gutem Hause von ihrem zukünftigen Ehemann machen durfte. Valerie mag zwar übertrieben haben, als sie später, verbittert darüber, daß Rilke sie verlassen hatte, davon sprach, das Gesicht ihres Freundes sei zu Beginn ihrer Bekanntschaft »von Finnen und Eiterpusteln maßlos entstellt« gewesen,[52] aber frei erfunden ist diese Aussage sicherlich auch nicht. Das einzige Photo, das von der Zeit existiert, in der Rilke mit Valerie befreundet war,[53] zeigt keineswegs »des alten lange adeligen Geschlechtes Feststehendes im Augenbogenbau« und einen Mund, »groß und genau«, wie Rilke in seinem Gedicht ›Selbstbildnis‹ aus dem Jahre 1906 formuliert, sondern eher die unausgeglichenen Gesichtszüge eines Jünglings in der Pubertät. Und die von Valerie erinnerten wulstigen Lippen treten auch in Karikaturen in Erscheinung, die Emil Orlik 1896 von ihm angefertigt hat. Selbst Marie von Thurn und

Taxis erwähnt in ihren Erinnerungen, daß Rilke auf den ersten Blick »sehr häßlich« und bei der zweiten Begegnung immer noch »häßlich« gewirkt habe.[54]
Diese Rahmenbedingungen sprechen nicht eben für einen unterhaltsamen Flirt, der Valerie als Kulisse für ihre provinzielle Nachahmung der Boheme gedient habe.[55] Eine solche Annahme würde auch nicht die Verbitterung erklären, mit der sich die versetzte Braut noch Jahrzehnte später über Rilke geäußert hat. Es ist nach dem Gesagten und aufgrund ihrer eigenen Erinnerungen wahrscheinlich, daß sie zwar zunächst nur Mitleid mit Rilke empfand,[56] der ihr gleich nach der ersten Begegnung am 4. Januar 1893 seine Liebe gestand, und in der Anfangsphase der Beziehung auch versucht hat, sich wieder von ihm zu lösen. Aber sie scheint allmählich von seinem Weinen, Bitten, Flehen und seinen Selbstmorddrohungen beeindruckt worden zu sein, bis sie schließlich, geschmeichelt durch seine zahlreichen Briefe und Gedichte, die sie idealisierten, wirklich Feuer fing, eine »Leidenschaft«, die sie, die später niemals geheiratet hat, nach ihren eigenen Worten mit ihrem »Lebensglück« zu bezahlen hatte.[57]
Daß Rilke es gleichfalls ernst meinte, geht aus einem Brief hervor, den er der Geliebten an seinem 19. Geburtstag schrieb, denn hier ist unter anderem von dem »ersehnten Hausstand« die Rede, den er nach Abschluß seiner Studien gründen will.[58] Dieser Brief erhellt auch die Voraussetzungen, die Rilkes Bindung an Valerie erklären helfen. Hier macht er nämlich für die »lichtarme Geschichte« seiner »verfehlten Kindheit« seine Mutter verantwortlich, der gegenüber ihm Valerie als positives Gegenbild erschien. In einem ihr gewidmeten Gedicht lautet bezeichnenderweise die erste und letzte Zeile: »Du warst nie so, wie jene anderen waren.«[59]
Sophie Rilke (1851-1931), der Mutter, wird vorgeworfen, sie habe ihr hilfloses Kind einen großen Teil des Tages einer »gewissensarmen und sittenlosen« Dienstmagd überlassen und es nur geliebt, wo es galt, es »in einem neuen Kleidchen vor ein paar staunenden Bekannten aufzuführen«.[60] Auch die körperlichen und psychischen Mißhandlungen, denen Rilke als Zög-

ling der Militärrealschulen ausgesetzt war, lastet er ihr an. Hatte er zunächst geglaubt, diese Leiden als Wille eines »unabwendbaren Geschikkes« erdulden zu müssen, erkannte er im Laufe der Zeit, daß es lediglich »die Laune eines vergnügungssüchtigen erbärmlichen Wesens war«,[61] die ihm solches Schicksal aufgezwungen hatte. Was damit gemeint war, zeigt sich in den Erinnerungen Valeries, die über Rilkes Eltern schreibt:

»Die Mutter war hochbegabt und sehr vergnügungssüchtig, der Vater zwar ein bildschöner Mann, aber hartherziger Egoist. Um dem Knaben, der beiden eine Last war, eine standesgemäße Erziehung zu geben und um die Trennung ihrer Ehe vollziehen zu können, gaben sie den armen Kerl in das Kadettenhaus der Militärschule.«[62]

Das ist natürlich eine auf Rilke selbst zurückgehende Interpretation, die auf Skepsis stoßen mag, weil seine Eltern schon etwa zwei Jahre getrennt lebten, als er Schüler der Militärunterrealschule St. Pölten wurde. Das darf aber nicht dazu verführen, das Leid, das er in seiner Kindheit und Jugend zu erdulden hatte, unzulässig zu verkleinern, indem man seine Erinnerungen an die Militärrealschulen als Selbststilisierung abtut und die angeführten Äußerungen über seine Mutter dem ungerechten Überschwang einer bestimmten Situation zurechnet. Denn der an seine Freundin gerichtete Brief Rilkes vom 4. Dezember 1894 ist seiner Zweckbestimmung nach kein Produkt augenblicklicher Eingebung, sondern ein Rechenschaftsbericht, in dem er sein bisheriges Leben resümiert. Dazu kommt, daß der Aufenthalt in St. Pölten, der an seinem 19. Geburtstag schon Jahre zurücklag, noch 1920 in den schrecklichsten Farben geschildert wird.[63] Ähnlich konstant ist die Beurteilung der Mutter: Zehn Jahre später, im Jahr 1904, schrieb Rilke an Lou Andreas-Salomé:

»Wenn ich diese unwirkliche, verlorene, mit nichts zusammenhängende Frau, die nicht altern kann, sehen muß, dann fühle ich, wie ich schon als Kind von ihr fortgestrebt habe [. . .] dann graut mir vor ihrer zerstreuten Frömmigkeit, vor ihrem eigensinnigen Glauben, vor allem diesem Verzerrten und Entstellten, daran sie sich gehängt hat, selber leer wie ein Kleid, gespenstisch und schrecklich.«[64]

Das alles sind freilich Zeugnisse des Wortes, denen man mißtrauen darf.

Anders verhält es sich jedoch mit den äußeren Fakten, die, jedenfalls was die elterlichen Entscheidungen der Jahre 1891 und 1892 angeht, eine eindeutige Sprache sprechen und den Deutungen Rilkes und Valeries zumindest für diese Lebensphase recht geben. Nachdem der verzärtelte, unsportliche Fünfzehnjährige als Offizierszögling gescheitert war und eine andere Laufbahn einschlagen wollte, hätte es nahegelegen, ihn auf die Deutsche Handelsakademie in der Prager Altstadt zu schicken, die nur wenige Minuten von der großelterlichen Wohnung entfernt lag, in der er mit seiner Mutter nach der Trennung der Eltern eine Zeitlang gelebt hatte. Falls man aber der Auffassung gewesen sein sollte, er dürfe seine Ausbildung nicht in seiner Heimatstadt fortsetzen, wo ein unbelasteter Neuanfang erschwert war, weil man dort sein bisheriges Versagen kannte, dann hätte ihn die Mutter mit nach Wien nehmen und seinen Fortgang als Schüler vor Ort überwachen können, denn in der österreichischen Metropole gab es gleichfalls eine Handelsakademie, die sich eines hervorragenden, sogar über die Landesgrenzen hinaus strahlenden Rufes erfreute. Daß dies nicht geschah, sondern das Institut in Linz vorgezogen wurde, das sich gegenüber der Prager Paralleleinrichtung in keiner Weise auszeichnete, läßt allein die von Valerie überlieferte Erklärung zu, die vergnügungssüchtige Sophie Rilke habe lieber in Wien an der Seite eines geistreichen Freundes ihr Leben genießen als verantwortungsbewußt ihre Aufgabe als Mutter wahrnehmen wollen.[65]
Das Trauerspiel des Jahres 1891 wiederholte sich, als im darauffolgenden Frühjahr auch das neue Projekt scheiterte, die Weiterbildung an einem Prager Gymnasium unabweislich wurde und Jaroslav von Rilke das Rilkes Vater zugedachte Erbe in ein Stipendium für seinen Neffen umwandelte.[66] Denn man hätte erwarten dürfen, die Eltern seien inzwischen zu der Einsicht gekommen, das anstehende Privatstudium des unbeständigen Siebzehnjährigen persönlich beaufsichtigen zu müssen. Statt dessen brachten sie Rilke bei seiner Tante Gabriele von Kutschera-Woborsky in der Prager Neustadt unter, während die Mutter weiterhin in Wien lebte. Sie hielt es nicht einmal für nötig, nach Prag zu kommen, als die Versetzungsprüfung in die Abitursklasse anstand, sondern erholte sich statt

dessen in Karlsbad (Karlovy Vary). Deswegen teilte ihr Rilke das Ergebnis der Prüfung zunächst gar nicht mit – Valerie schickte er ein Jahr später nach bestandenem Maturum ein Telegramm[67] –, denn, so meinte er sarkastisch, sie werde sicherlich keine Zeit haben, sich um solche Kleinigkeiten zu kümmern.[68] Die Folgen dieser ungünstigen familiären Situation und der abgebrochenen Militärschulerziehung sollten sich bald zeigen. Der Privatunterricht, den Rilke seit Sommer 1892 erhielt, sowie der damit gegebene besondere Lebensrhythmus isolierten ihn von seinen Prager Mitschülern, deren Neigungen und Spielen er seit jeher ungeneigt gewesen war. Außerdem war er unter seinen Verwandten vereinsamt, die ihn für einen Narren hielten[69] und ihm »unendlich« fern standen.[70] Er nannte deswegen das enge, von ihm bewohnte Hofzimmer in der *Vodičková Nr. 15*, in das kein Sonnenstrahl drang,[71] sein Exil.[72] Erschwerend kam hinzu, daß er, zunächst ganz auf sich selbst gestellt, offensichtlich von der Aufgabe überfordert war, den gesamten Lehrstoff des humanistischen Gymnasiums in einem Bruchteil der dafür vorgesehenen Zeit beherrschen zu müssen. Darauf deutet vor allem der Umstand, daß er an seinem 17. Geburtstag und verstärkt nach dem am 12. Dezember 1892 erfolgten Tod seines Onkels Jaroslav von Rilke seiner »wissenschaftlichen Zukunft, der immerwährenden, erfolglosen und zielfremden Arbeit, müde« war, entsagen[73] und »verbummeln, verderben«[74] wollte.

In dieser kritischen Situation begegnete er Valerie, die sein verwaistes Herz in Besitz nahm, ihn stärkte, heilte, tröstete und ihm damit »Leben, Dasein, Hoffnung und Zukunft« wiedergab.[75] In ihr also fand er nach Jahren der Isolation und Demütigung eine gleichwertige, infolge ihrer künstlerischen Neigungen ähnlich empfindende Partnerin, die den »Unselbständigen, Unlenksamen«[76] zu regelmäßiger Arbeit anhielt, seine Besuche empfing, seine Klagen über die Familie anhörte, seine Werke las, beurteilte und mit finanziellen Zuwendungen bei der Veröffentlichung des Erstlings ›Leben und Lieder‹ half. Valerie war es schließlich auch zu verdanken, daß er das gesteckte Ziel erreichte und die Reifeprüfung mit Auszeichnung ablegte.[77] Rilke war vergleichsweise zufrieden in dieser Zeit, wie auch die Briefe an die Eltern zeigen.[78] Dem entspricht es, daß sich in den ›Larenopfern‹, die als literarische Frucht der mit Valerie verbrachten Jahre zu betrachten sind, nur drei Gedichte finden, die auf persönliche Schwierigkeiten anspielen, nämlich ›Sphinx‹, ›Trotzdem‹ und ›Vigilien II‹.

Form

›Larenopfer‹ hat Rilke seine zweite Gedichtsammlung genannt, weil er damit den Haus- und Feldgöttern des Landes eine Gabe darbringen wollte, in dem er aufgewachsen war, ohne doch darin heimisch werden zu können. Die Sujets entsprechen dem gewählten Titel, denn von den neunzig Gedichten – so viel sind es jedenfalls in der Erstausgabe, die mit römischen Zahlen durchnumeriert – haben knapp die Hälfte Monumente Prags oder seiner Umgebung entweder direkt zum Gegenstand oder erwähnen doch wenigstens Bauwerke und landschaftliche Gegebenheiten, die eindeutig identifizierbar sind. Einige Gedichte sind den Themen Abend, Nacht und den Jahreszeiten gewidmet, die sich aufgrund der Lage Prags an der Moldau und wegen der zahlreichen Parks mehr als sonst in Großstädten bemerkbar machen. Es sind Momentaufnahmen von der Stadt, deren Atmosphäre vor allem in eigenartigen Lichtwirkungen zum Ausdruck kommt. Fünfzehn Texte beziehen sich auf Prager Künstler oder deren Werk und auf Gestalten aus der böhmischen Geschichte (Wenzel I., Rudolf II., Hus, Wallenstein, die Hauptfiguren des Prager Fenstersturzes, Rabbi Löw), zwei weitere auf Prager Typen im Straßenbild (Maroniverkäufer und Drahtbinder). Das Übrige, etwa ein Fünftel des Bestandes, handelt von Erfahrungen und Erinnerungen des Schreibers, vom schweren Los der Namenlosen und vom Dreißigjährigen Krieg, dem ein ganzer Zyklus gewidmet ist.

Peter Demetz hat in seiner weithin akzeptierten Rilke-Darstellung die These vertreten, die Abfolge der in den ›Larenopfern‹ vereinten Gedichte bilde einen »wohlgegliederten Spaziergang«. Der Weg führe über die Kleinseite (Malá Strana) zur Prager Burg (Hradčany), wieder zurück und weiter zum Palais Clam-Gallas in der Altstadt und dem Altstädter Ring

(Staroměstské náměstí) mit der Teyn-Kirche und der Astronomischen Uhr, um dann bei St. Heinrich in der Heinrichsgasse (Jindřišská) zu enden, wo Rilke getauft wurde. Diese Auffassung verbietet sich jedoch allein schon deswegen, weil Demetz die in der Vorstadt Smichow (Smíchov) liegende Klamovka mit dem Palais Clam-Gallas in der Altstadt verwechselt.[79]

Rilke führt seine Leser keineswegs auf einer touristisch durchdachten Route an den von ihm beschriebenen Sehenswürdigkeiten vorbei, sondern ordnet das poetische Material einerseits nach dem Kriterium der thematischen Verwandtschaft, gruppiert also, was nach Gegenstandsbereich, Lage, Stimmung, Tages- oder Jahreszeit zusammengehört oder aufeinander Bezug hat; trennt aber andererseits, und in einem gewissen Gegensatz dazu, stofflich ähnliche Komplexe voneinander und verteilt sie in größeren Abständen über die gesamte Sammlung, so daß mehrere, einander durchwirkende Gedichtreihen entstehen, die dem Prinzip der variierenden Wiederholung unterliegen.

Die Sammlung wird durch ein Prag-Panorama eröffnet, das sich dem Besucher des Hradschin zeigt, und endet mit einer Huldigung auf das schon an früherer Stelle behandelte populäre tschechische Lied ›Kde domov můj?‹, in deren Verlauf sich die Heimatfrage stellt. Das zweite Gedicht ist auf der Kleinseite angesiedelt, über die der Zugang zur Prager Burg erfolgt, und führt das Motiv des alten Hauses weiter. Die fünf nächsten Texte beziehen sich auf den Gebäudekomplex des Hradschin und bilden dadurch, wenn auch nicht ausdrücklich, einen kleinen Zyklus. Daran schließt sich ein weiterer Ausblick auf die in der Tiefe liegende Stadtlandschaft an. Der Standort des Betrachters liegt diesmal auf dem Hradschiner Platz (Hradčanské náměstí) vor der Prager Burg. (Die Bezeichnung Hradschin wird sowohl für die Prager Burg als auch für die sie umgebende Burgstadt verwendet.) Der Blick auf die im Tal liegende Stadt kehrt an anderer Stelle noch einmal in gleichsam proletarischer Abschattung wieder (›Hinter Smichov‹). Außerdem erscheint der Hradschin oder wenigstens der Turm des ihm inkorporierten St. Veitsdoms mehrfach an späterer Stelle in Stimmungsbildern, die hauptsächlich der Dämmerung,

dem Abend und der Nacht gewidmet sind und über entsprechende Titel selbst wieder eine thematische Verweisungskette bilden.
Unter dem Gesichtspunkt des touristischen Rundgangs wäre es folgerichtig gewesen, die drei Gedichte ›Am Straßenkapellchen‹, ›Das Kloster‹ und ›Bei den Kapuzinern‹ anzuschließen, die in der Nähe der Prager Burg zu lokalisieren sind. Stattdessen macht Rilke zunächst einen Sprung in die am anderen Flußufer gelegene Neustadt (Nové Město), um in einer siebenteiligen Folge (›Der Bau‹) das großelterliche Palais in der Herrengasse (Panská) zu würdigen, die ihrerseits das anfänglich gesetzte Motiv des alten Hauses weiterspinnt. Die damit und durch die auf den Hradschin bezüglichen Gedichte gegebene Betonung der Prager Vergangenheit hat gegen Ende der Sammlung eine Entsprechung, und zwar in dem Zyklus ›Aus dem Dreißigjährigen Kriege‹, der mit dem Waldstein-Palais und der Karlsbrücke altehrwürdige Prager Sehenswürdigkeiten zum Gegenstand hat, der dreiteiligen Sequenz über den ›Rabbi Löw‹, die teilweise auf dem Alten jüdischen Friedhof spielt, und dem Gedicht ›Alte Uhr‹, das von der aus dem 15. Jahrhundert stammenden Astronomischen Uhr auf dem Altstädter Ringplatz (Staroměstské náměstí) handelt. Auf diese Weise wird die poetische Darstellung der Stadt, die Rilke in den ›Larenopfern‹ verfolgt, gleichsam durch geschichtsträchtige Gemäuer eingerahmt. Dem gleichen Zweck dient es, wenn gegen Ende der Sammlung der Laurenziberg (Petřín) erscheint, der, weil der Burgstadt benachbart, unter topographischen Gesichtspunkten seinen Platz im Eingangsteil der Sammlung hätte haben müssen: Rilke stellt sich einen Spaziergänger vor, der am Kloster der Barmherzigen Schwestern (›Siegen II‹) vorbeikommt, um dann den Blick zu dem vor ihm liegenden Laurenziberg zu erheben. Auf diese Weise rundet sich das Bild, der Betrachter kehrt noch einmal zum Ausgangspunkt zurück, wo er vom benachbarten Hradschin auf die Kleinseite hinuntergeblickt hatte, auf der er sich jetzt befindet.
›Bei den Kapuzinern‹ schließt den Besuch der Burgstadt keineswegs ab: Das Wallfahrtsheiligtum Maria-Loretto (Loreta) wird zwar an der topographisch richtigen Stelle nach dem ihm benachbarten Kapuziner-Kloster erwähnt, aber dazwischen hat Rilke das Gedicht ›Abend‹ und die diesem

durch die Tageszeit sich assoziierende Huldigung des tschechischen Schriftstellers Jaroslav Vrchlický eingefügt. Sie eröffnet den Reigen der Texte, die, jeweils durch anders bestimmte Gedichte voneinander getrennt, Künstlern oder historischen Persönlichkeiten gewidmet sind und auf diese Weise das aus Lichtwirkungen und architektonischen Eindrükken bestehende lyrische Geflecht um Farbtupfer anderer Art bereichern. Das im ›Kreuzgang vom Loretto‹ erwähnte Bild im Stile Tintorettos, vor dem ein junges Liebespaar steht, stellt eine Verbindung zu dem folgenden Gedicht ›Der junge Bildner‹ her. Es eröffnet eine kleine Reihe von Gestaltungen, die Schicksale der Namenlosen zum Gegenstand hat (›Das arme Kind‹, ›Sphinx‹, ›Siegen‹, ›In der Vorstadt‹). In den darauffolgenden sieben Gedichten sind die vorhandenen Prager Monumente dem Stimmungsmäßigen untergeordnet. Die Parkanlagen und Friedhöfe der Stadt, die Rilke ihr eigentliches Gesicht an Allerseelen zeigen, sowie die böhmische Landschaft bilden eine auf Herbst und Tod zulaufende Entwicklungslinie, die sich in dem zugefrorenen Teich des Stadtparks (Vrchlického sady) verdinglicht. ›An der Ecke‹ und ›Feuerlilie‹ nehmen an späteren Stellen das Bild des Winters in eigenständiger Veränderung auf, während die unmittelbare Fortsetzung durch das Vorstellungselement des Wassers ermöglicht wird, das seinerseits wiederum, als versiegende Quelle (›Brunnen‹), auf die in ›Sphinx‹ beschriebene Selbstmörderin vorbereitet. Dadurch wird das im ›Jungen Bildner‹ begegnende Todesmotiv weitergetragen und mit dem folgenden Gedicht ›Träume‹ verklammert, in dem das nächtliche Sterben eines kranken Kindes berichtet wird. Die drei nächsten Texte, die Frühling, Abend und Winter beschwören, wiederholen abwandelnd bereits entfaltete Vorstellungen und ergänzen so einzelne Sachstränge zu thematischen Längsschnitten, die sich im Wechsel der Abfolge zu einem bunten Blütenkranz verweben.

Auch der sich anschließende Mittelteil der Sammlung ist, dem genannten Kompositionsprinzip entsprechend, durch das Bisherige bestimmt: Prager Monumente, wenn auch weniger deutlich als in den Anfangsteilen, treten ohne topographische Ordnung in buntem Wechsel in Erscheinung: die Karlsbrücke, deren Skulpturen gleichsam die Heiligenfiguren und Ma-

donnen zur Überschrift erheben, die sich als Einzelmotive in vielen Gedichten der ›Larenopfer‹ finden (›Heilige‹), der Baumgarten (Stromovka), das Neue deutsche Theater (Státní opera), und zwar gleich zweimal, der Karlshof (Karlov), der Fürstenpark Klamovka und schließlich die Vorstadt Smíchov und die St. Heinrichs-Kirche, in der Rilke getauft wurde. Dazwischen kommen verstärkt Künstler und Figuren der Geschichte zu Wort, Abend- und Nachtstücke, die Jahreszeiten sowie Erinnerungen des lyrischen Ichs gesellen sich dazu (›Als ich die Universität bezog‹, ›Mein Geburtshaus‹, ›Aus der Kinderzeit‹).
Gegen Ende der ›Larenopfer‹ treten die Prager Baulichkeiten wieder deutlicher hervor, und es kommt neuerlich zu Zyklenbildungen. Zwei benachbarte Gedichte sind als aneinander anschließende Etappen einer Dampferfahrt auf der Moldau zu verstehen, ›Kaiser Rudolf‹ bildet in Übereinstimmung mit der Geschichte den Auftakt zu der dem Dreißigjährigen Krieg gewidmeten Folge, und die über Jehuda ben Bezalel berichtete Sage, die sich Rilke zum Vorwurf genommen hat, verteilt sich auf drei Gedichte (›Rabbi Löw‹).
Das miteinander verflochtene Netzwerk einzelner lyrischer Formen und Gegenstandsbereiche setzt sich auf der Ebene der Einzelvorstellungen fort, die als immer wiederkehrende Bauelemente die Texte miteinander verklammern und dadurch ein vielfach gebrochenes Bild von der Stimmung und Atmosphäre der Stadt erzeugen. So ziehen sich Lichtwirkungen durch das gesamte Korpus. Da gibt es trübe Lampen, Lichtgetänzel, Kerzen, die rote Sonne, das Abenddämmerlicht, das als rote Krone, rotes Segel oder falsche Röte in Erscheinung tritt, den Mond mit seinen Silberhobelspänen, den Kelch der Nacht und schließlich das bildlich gebrauchte Feuer. Pflanzen bereichern das Bild: Blütenhekatomben, Bekassinen, Chrysanthemen, Grabzypressen, Lebensbäume, Orchideen, Prachtzyanen, Reseden, welke Rosen, Sternendolden und Syringen. Das Motiv der Hände, mit dessen Hilfe unterschiedliche Erscheinungen der Natur als menschliches Gegenüber vorgestellt werden, tritt ergänzend hinzu: Die Gotik zeigt betend ihre dürren Hände, die Arme der Dämmerung strecken sich dem Besucher entgegen, Schattenhände greifen

nach der roten Krone des Abends, und die Nacht reicht mit Madonnenhänden einen Traum.

Überhaupt ist die Personifizierung der Dingwelt Rilkes Hauptmittel der Darstellung. Er beschreibe, so hat man gesagt, nicht eigentlich, sondern schildere, »Conférencier seiner Empfindungen«,[80] die Wirkung, die von den beobachteten Objekten ausgehe. Da geht die Dämmerung mit leisem Schritt vorbei, die Büsche beten Litaneien, Lichter schauen fromm oder haschen sich auf den Dächerkanten, der Abend hüpft hangab, die Wände erzählen, der Herbst knebelt den Tag, der Sturmwind ist ein hastiger Knabe oder hat kalte Hände, und der Himmel liebelt in die Höfe.[81]

Auffällig ist Rilkes Fertigkeit im Gebrauch des Reims, der vielfach in Verbindung mit elegant gehandhabten Enjambements auftritt. Um ungewohnter, auffälliger Klangwirkungen willen, denen auch die Klangreinheit geopfert wird, reimt er anspruchsvolle Neologismen auf Alltagsbegriffe (Dämmerdustgeschwel – Orden von Karmel), bezieht ein zweites Wort mit ein (Gewinn tat – Spinnrad) oder bedient sich fremder Sprachen. Er reimt Tschechisches auf Deutsches (verlor – Dalibor), findet französisch-tschechische (Louis – můj), lateinisch-französische (casus rei – roi soleil), slawische (Malvazinka – Ninka), italienische (Tintoretto – Loretto) oder lateinische (Prachtregister – Magister) Paare.

Topographie

So sehr die Rilke-Forschung bemüht war, den literarischen Standort der ›Larenopfer‹ im Gesamtwerk des Dichters zu bestimmen, und so sehr sie versucht hat, seine Stellung zu seiner Heimat und insbesondere zum tschechischen Kulturkreis festzulegen, so wenig war sie imstande, dieses Frühwerk dem ortsunkundigen Leser durch eine sachgerechte Kommentierung nahezubringen. Erläuterungen zu einzelnen Gedichten finden sich lediglich im ›Rilke-Kommentar zum lyrischen Werk‹ von August Stahl. Es handelt sich dabei hauptsächlich um die Erklärung von Fremd-

wörtern, Fachausdrücken und Personennamen, also um die Vermittlung von üblichem Lexikonwissen. Allerdings läßt die Qualität dieser Kommentierung sehr zu wünschen übrig. So verstehen Stahl und seine beiden Mitarbeiter in dem Gedicht ›Brunnen‹ den Ausdruck »Röhrenkasten« als »Leierkasten«,[82] in dessen Nachbarschaft sich also – als habe es den Brunnen als Treffpunkt Verliebter nie gegeben – des Abends »Paar um Paar« bei der »Quelle lieblich Glasten« versammelt hätten. (Bei einfacher konstruierten Brunnen tritt das Wasser aus einer Röhre aus, die in einem senkrecht stehenden hölzernen oder gußeisernen Behältnis verankert ist, eben dem Röhrenkasten.) Außerdem verwechselt Stahl den in ›Unser Abendgang‹ erwähnten Maler Thomas Millie Dow (1848-1919) mit Gerard Dou (1613-1675).[83] Der im Gedicht ›Der Fenstersturz‹ genannte »Popel« wird als Familienname eines kaiserlichen Beamten gedeutet,[84] während in Wirklichkeit der Schreiber Philipp Fabricius Platter gemeint ist, den Rilke als – Dummkopf bezeichnet.
Noch viel schlimmer verhält es sich mit denjenigen Erklärungen, die der Topographie gewidmet sind. Die von Rilke verwendeten Prager Sagen und Ereignisse der Geschichte fehlen ganz, Lokalisierungen der in den Texten erwähnten zahlreichen Monumente finden sich nur vereinzelt und sind dann so allgemein gehalten, daß sie wertlos sind. Was soll die Erklärung zu dem Gedicht ›In der Kapelle St. Wenzels‹, wenn nicht gesagt wird, daß dieses Monument im St. Veitsdom liegt?[85] Was die Aussage zum Wallfahrtsheiligtum Maria-Loretto, zu diesem Komplex gehörten sechs Kapellen, wenn die St. Barbara-Kapelle, der die Erläuterung gilt, in dieser Zählung gar nicht einbegriffen ist?[86] Was nützt es, wenn man weiß, daß es sich bei den »Nonnen des Ordens vom Karmel« um den »Bettelorden der Karmeliterinnen« handelt,[87] wenn nicht zugleich gesagt wird, wo das beschriebene Kloster liegt, ganz abgesehen davon, daß Rilke in seiner Erzählung ›König Bohusch‹ ausführlich davon erzählt, und zwar mit anderen Weiterungen, als die Bezeichnung »Bettelorden« glauben machen will. Auch muß im Zusammenhang mit dem Gedicht ›Superavit‹ der Hinweis »Hus-Denkmal in Prag« als irreführend gelten, da er den Anschein erweckt, als habe Rilke möglicherweise auf dieses Monument

Bezug nehmen wollen; eben dies war jedoch unmöglich, weil es erst 1915 eingeweiht wurde.
Man kann die Zurückhaltung Stahls und seiner Helfer verstehen, denn allenthalben ist zu spüren, daß ihre Ausführungen von keinerlei Ortskenntnis getrübt sind. So übernehmen sie, ohne ihre Quelle zu nennen, von Demetz die falsche Identifizierung der von Rilke Fürstenpark Clam-Gallas genannten Klamovka mit dem Palais Clam-Gallas, obwohl sie ein flüchtiger Blick auf einen Prager Stadtplan davon hätte unterrichten müssen, daß das in der Prager Altstadt gelegene Palais von keinem Garten, und schon gar nicht von einem ausgedehnten Park umgeben ist. Schließlich sind »Loreley« (›Im Sommer‹) und »Golka« (›Aus der Kinderzeit‹) keine Schiffsnamen, wie Stahl vermutet,[89] sondern Bezeichnungen für die altehrwürdige Burgruine Wischehrad (Vyšehrad) im Süden Prags und die Villa Koulka in der am linken Moldauufer liegenden Vorstadt Smíchov.

Kindheit

Abgesehen von den ›Larenopfern‹ hat Rilke nur noch in den französisch geschriebenen ›Quatrains Valaisans‹ (1923), in denen er die ihm für sein Schaffen Beistand gewährende Landschaft des Wallis besang, sich hingerissen gefühlt, »eine erlebte Umgebung unmittelbar im Gedicht zu rühmen«. Schon dieser Sachverhalt verdeutlicht Sonderstellung und Bedeutung der frühen Sammlung, in der, nach seinen eigenen Worten, die »Einflüsse« seiner »Prager Heimat sich durchsetzen wollten«.[90] Dementsprechend schrieb er 1924 an den Prager Redakteur Otto Pick, seine Kindheit habe »unter dem unüberwindlichen Einfluß Prags ihre besondere Dichte und Formung erhalten«.[91]
Wie hoch er diese Prägung veranschlagte, erhellt weiter aus einem Brief an Jean Strohl aus dem Jahr 1924, in welchem er die Aufmerksamkeit des Freundes auf das Ambiente seiner ersten Lebensjahre lenkt: Er nennt in diesem Zusammenhang Herrengasse (Panská) und Heinrichsgasse (Jindřišská) als Teile des Stadtviertels, das ihn »tief beeindruckt« habe. Wenn

Strohl die Ferdinandstraße (Národní třída) durchschreite, an deren Ende er das »berühmte Schauspiel« des Hradschin vor sich habe, dem Quai folge und über die Karlsbrücke die »unvergleichliche« Kleinseite betrete, deren Kunstdenkmäler denen Italiens und Spaniens ähnlich seien, dann sei leicht zu erkennen, was das für seine Kindheit bedeutet habe. Und nicht nur für die Kindheit, denn, so setzt er fort, er fühle sich von diesen Prager Erinnerungen, denen er stark verpflichtet sei, immer noch angezogen.[92] Was damit, unter anderem, gemeint war, verrät die Erzählung ›König Bohusch‹, die im Oktober 1897 entstanden ist. Denn Rilke bezeichnet seine Heimatstadt in diesem Werk, das er nach seinen eigenen Worten geschrieben hat, um seiner »Kindheit irgendwie näher zu kommen«,[93] als reiches, riesiges Epos der Baukunst.[94]

In diesem Zusammenhang ist aufschlußreich, daß er, als er sich im Herbst 1895 in der Prager Carl-Ferdinands-Universität immatrikulierte, kunstgeschichtliche Vorlesungen belegte und in den ›Larenopfern‹ reimte: »Die Alma mater reicht mir dar / der freien Künste Prachtregister« (›Als ich die Universität bezog‹). Unter dieser Perspektive ist sein früh erwachtes Interesse an der Malerei verständlich, das durch die ›Larenopfer‹ dokumentiert wird. Weil er im letzten Gedicht der Sammlung, in dem ein tschechisches Mädchen aufgefordert wird, ein Heimatlied zu singen, »keine Namen« nenne, glaubt Aleksis Rannit »erraten« zu können, Rilke habe als Kunstliebender eine tschechische Genremalerei erstrebt, die zugleich auch die dunkel strömende Melodik der tschechischen Landschaft gestalte.[95] Rannit hätte die Unrichtigkeit seiner Behauptung erkennen können, wenn er die ›Larenopfer‹ genau studiert hätte, denn dort werden mit Beneš Knüpfer, Adolf Liebscher und Jan F. Gretsch die Rilke bekannten tschechischen Maler und ihre Werke ausdrücklich benannt, denen er wahrscheinlich schon zu einer Zeit zugetan war, in der er noch gar keinen persönlichen Kontakt mit den Prager deutschen Malern hatte, die sich im ›Verein deutscher bildender Künstler in Böhmen‹ zusammengeschlossen hatten.

Die nicht hoch genug einzuschätzende Bedeutung, die Prag für die künstlerische Entwicklung Rilkes gehabt hat, zeigt sich weiterhin in dem

Umstand, daß er die ›Larenopfer‹ niemals verleugnet hat. Während er die Veröffentlichung seines lyrischen Erstlings ›Leben und Lieder‹ bereute und mit allen ihm zur Verfügung stehenden Mitteln ungeschehen machen wollte, hat er die ›Larenopfer‹ später zweimal in eigenen Gedichtsammlungen erscheinen lassen.

Aber das war nur eine Seite des Antlitzes, das ihm die Stadt zeigte. Denn an anderer Stelle spricht er von der »Schwere« und immensen Bedeutung, die Prag, als er klein war, für ihn angenommen habe: »es war schon groß und wuchs über einen hinaus; damals gebrauchte es einen, um sich zu fühlen«.[96] Der schon angeführte Brief an Jean Strohl erklärt die allgemein gehaltene Formulierung: Es sei nicht Undankbarkeit, heißt es da, wenn er sich nicht selbst in Prag um seine Erinnerungen bemühen könne. Denn nicht die Erinnerungen an das heimatliche Panorama seien es, die er zu vermeiden trachte, sondern die persönlichen, die Unglücksfälle, von denen seine Familie betroffen worden sei und unter deren Schlägen seine Kindheit geseufzt habe.[97] Rilke denkt bei diesen Aussagen teilweise an seine im Jahr zuvor verstorbene Cousine Paula von Rilke, die ältere Tochter seines Onkels Jaroslav, sowie an seine noch in Prag lebende Mutter, die er an anderer Stelle als »parfait Guignol« bezeichnet,[98] während er die Stadt selbst und die ihm zugeordneten Menschen gespenstisch nennt.[99] Aber die auf seine Kindheit zielende Schlußwendung zeigt, daß ihm zugleich die eigene Entwicklung vor Augen war, die sich unter sehr ungünstigen Vorzeichen vollzogen hatte.

Besonders ausführlich und deutlich wird dieser Zusammenhang in Rilkes Würdigung seines Prager Landsmanns Emil Orlik. Der 1899 entstandene Essay kann als versteckte Selbstdarstellung gelesen werden, die gerade, weil sie die Bestimmung deutschen Kunstwollens in der böhmischen Metropole an einem Parallelfall abhandelt, die den Schreiber selbst betreffenden Probleme offener und ungeschützter zum Ausdruck zu bringen vermag: Rilke gibt einleitend eine kurze Charakteristik seiner Heimatstadt, die er durch eine geheimnisvolle Gegenwärtigkeit des Vergangenen gekennzeichnet sieht. Aus der Erwartung des in dieser Atmosphäre Heranwachsenden, aus einem »Horchen nach dem Unerhörten«, müßte eigentlich »am Rande der Kindheit«, wo sich die Kräfte des Jünglings aus den zerstreuten Dingen zurückziehen, »das Fremde, ewig Nahende und Feierliche« in die Wirklichkeit des Schaffens eingehen. Eben dies ist jedoch keineswegs der Fall. Es scheint, so fährt Rilke fort, »daß die Kinder nicht offen genug sind gegen ihr Kindsein«, so daß sie, jedenfalls soweit sie der deutschen Minorität Prags zugehören, ihre »Phantasie« vergessen und »den Tag leben« mit all seinen Beklemmungen, Falschheiten und Feindschaften, also auch der journalistischen Mittelmäßigkeit Recht und Raum geben. Dieser Zustand, für den Rilke, aber bezeichnenderweise nicht vorwiegend oder ausschließlich, zeitbedingte »Verlockungen« verantwortlich macht, kann auf zweierlei Weise überwunden werden. Entweder der werdende Künstler muß, wie Orlik und er selbst, die hemmende Heimat aufgeben, oder er muß sich enger an das fördernde und festigende Land anschließen.[100]

Der zweite Weg mußte Rilke, der sich später stets als heimatlos bezeichnete,[101] verwehrt bleiben. Dabei spielt nicht allein eine Rolle, daß ihm die Stadt, in der er aufgewachsen war, keinen rechten Nährboden abgab – »ihre Luft war weder die meines Atmens, noch die meines Pflugs«[102] –, sondern es fiel auch ins Gewicht, daß seine Familie keinen Grundbesitz hatte, so daß ihm die »überlieferte und angestammte Stelle« fehlte, an die er sich »herkömmlich hätte angeschlossen fühlen können«.[103] Wichtiger war jedoch die Situation, der er als Teil der in der Stadt lebenden deutschen Minderheit ausgesetzt war, die der volksmäßigen Grundlage ermangelte. Sie brachte eine Unzufriedenheit mit den herrschenden gesellschaftlichen Zuständen hervor, die als Material in seinen späteren Auffassungen weiterwirkt.[104] Unter diesem Aspekt schrieb er 1914 an den Prager Germanisten August Sauer:

»Innerhalb der Sprache, deren ich mich nun bediene, aufgewachsen, war ich gleichwohl in der Lage, sie zehnmal aufzugeben, da ich sie mir doch außerhalb aller Spracherinnerungen, ja mit Unterdrückung derselben aufzurichten hatte. Die unselige Berührung von Sprachkörpern, die sich gegenseitig unbekömmlich sind, hat ja in unseren Ländern [nämlich den böhmischen Kronländern] dieses fortwährende Schlechtwerden der

Sprachränder zur Folge, aus dem sich weiter herausstellt, daß, wer etwa in Prag aufgewachsen ist, von früh auf mit so verdorbenen Sprachabfällen unterhalten wurde, daß er später für alles Zeitigste und Zärtlichste, was ihm ist beigebracht worden, eine Abneigung, ja eine Art Scham zu entwickeln sich nicht verwehren kann.«[105]
Freilich erklären die bisher angeführten Gründe nur unzureichend, daß Rilke die Prager Familien-Angelegenheiten, auf die er zurücksah, als »grotesk« und die Stadt als »province engourdier«, also als starre und, so darf man ergänzen, lebensfeindliche Region bezeichnete.[106] Man muß vielmehr seine ungünstig verlaufene Persönlichkeitsentwicklung in Rechnung stellen, die ihm das Gefühl gab, seine Kindheit nicht bewältigt zu haben.[107] Anders ausgedrückt: Rilke gewann allmählich die Überzeugung, daß es selbst »für die ringendste Kraft« unmöglich gewesen wäre, derart in sich »aufgegebene und abgestorbene« Verhältnisse, wie sie im Prag der Deutschen herrschten, als Rahmen und Ziel seiner eigenen Entwicklung zu begreifen. Die Folge war nicht nur, daß er seine Heimatstadt verlassen mußte, sondern auch, daß sie ihm fürderhin durchaus ein zwiespältiges Antlitz zeigte.[108] Die ›Larenopfer‹, in der Phase seiner glücklichen Beziehung zu Valerie von David-Rhonfeld entstanden, vermitteln demnach nur den einen, glückhaften, zukunftsträchtigen Aspekt seiner böhmischen Herkunft, während sich der andere in den lebensgeschichtlichen Zeugnissen, einzelnen Prosawerken und vor allem in unausgeführten literarischen Plänen niedergeschlagen hat.

Alt-Prager Spaziergänge

Als Rilke Anfang 1896 den Dramatiker Max Halbe, dessen Stück ›Jugend‹ ihn tief beeindruckt hatte, persönlich kennenlernte, führte er ihn durch die Gassen der Kleinseite und des Hradschin, um ihm die ›Larenopfer‹ »verständlich« zu machen.[109] In ähnlicher Weise versucht die vorliegende Ausgabe Leser, die mit der Prager Szenerie unvertraut sind, durch Rilkes Heimatstadt zu begleiten. Dies geschieht einmal mit Hilfe eines Wort-

kommentars, der die in den einzelnen Gedichten dargestellten oder auch bloß erwähnten Prager Baulichkeiten und topographischen Gegebenheiten identifiziert, ihre jetzige Beschaffenheit und Lage benennt und auf diese Weise den literarisch interessierten Besucher der Stadt in die Lage versetzt, die ›Larenopfer‹ auf Rilkes Spuren selbst zu erwandern.
Um dieses Ziel zu erreichen, wurden neben den von Rilke gebrauchten deutschen Bezeichnungen der Straßen, Plätze, Paläste, Brücken, Stadtteile, Parkanlagen und geographischen Örtlichkeiten die heutigen tschechischen Benennungen beigefügt. Bei den Bauwerken sind, soweit erforderlich, auch Straße und Hausnummer angegeben, manchmal sogar die sogenannte Konskriptionsnummer, die neben der üblichen Orientierungsnummer an Prager Gebäuden auf rotem Grund erscheint und sich nicht ändert, so lange das damit bezeichnete Objekt existiert.
Außerdem ist jedem Gedicht eine Abbildung beigegeben, die das jeweils Dargestellte, soweit dieses überhaupt auf diese Weise veranschaulichbar ist, in der Gestalt zeigen soll, in der es Rilke vor Augen hatte. Da es häufig gelungen ist, zeitgenössische Photos zu finden, die nicht nur die von ihm verwendeten Sujets überliefern, sondern auch von den Standorten aus aufgenommen wurden, die er eingenommen hat, konnte ein hoher Grad von Authentizität erreicht werden, der reizvolle Erkenntnisse zu Rilkes poetischer Topographie zuläßt und auch ein bloß vorgestelltes Wandern durch die von ihm evozierte poetische Stadtlandschaft Prags erlaubt.

1 So etwa Werner Kohlschmidt: Prag – manieristisch gesehen. Beobachtungen zur Reimtechnik von Rilkes Gedichten aus der Prager Zeit, in: *Atti del secondo convegno 29-30 ottobre 1973 a cura di Aurelia Gruber Benco, Duino-Trieste*, Triest 1974, S. 42.

2 Carl Sieber: René Rilke. Die Jugend Rainer Maria Rilkes, Leipzig 1932, S. 162 (Brief an Generalmajor Cäsar Sedlakowitz vom 5. X. 1920).

3 Ebenda, S. 164.

4 Peter Demetz: René Rilkes Prager Jahre, Düsseldorf 1953, S. 48 und 117.

5 So August Stahl: Rilke-Kommentar zum lyrischen Werk. Unter Mitarbeit von Werner Jost und Reiner Marx, München 1978, S. 61.

6 Daria A. Rothe: Rilke's Early Contacts with Czech and Jewish Prague, in: *Cross currents* 1982, S. 262.

7 Sigfrid Hoefert: Einige unveröffentlichte Briefe aus Rilkes Frühzeit, in: *Euphorion* 61 (1967), S. 188f. (an Max Halbe am 23. IX. 1895).

8 August Stahl: Rilke-Kommentar zum lyrischen Werk, S. 65 und 67.

9 Die Ausstellung dauerte vom 16. Mai bis zum 28. August 1895, doch fuhr Rilke, nachdem er Anfang Juli sein Abitur bestanden hatte, in böhmische Sommerfrischen. Im August war er in Misdroy an der Ostsee. Vgl. auch in diesem Buch S. 109.

10 Vgl. S. 149.

11 Vgl. S. 125.

12 Ingeborg Schnack: Rainer Maria Rilke. Chronik seines Lebens und Werkes. Erster Band, Frankfurt/M. 1975, S. 22.

13 Rainer Maria Rilke: Sämtliche Werke. Fünfter Band, Frankfurt/M. 1965, S. 289-300 und 691.

14 Rainer Maria Rilke: Sämtliche Werke. Dritter Band, Frankfurt/M. 1987, S. 508.

15 Auftakt zur Literatur des 20. Jahrhunderts. Briefe aus dem Nachlaß von Ludwig Jakobowski, Band 1: Die Briefe, hrsg. von Fred B. Stern, Heidelberg 1974, S. 191 (Brief an L. J. vom 10. VIII. 1896).

16 Zu den wenigen, im dritten Band der *Sämtlichen Werke* gedruckten Texten, die diesem Zyklus entstammen, gesellt sich das von Fred B. Stern aufgefundene Gedicht *Nacht.* (Auftakt zur Literatur des 20. Jahrhunderts. Briefe aus dem Nachlaß von Ludwig Jakobowski, Band 2: Einführung, Kommentar und Bibliographie, hrsg. von Fred B. Stern, Heidelberg 1974, S. 114f.)

17 Vgl. S. 127.

18 Sigfrid Hoefert: Einige unveröffentlichte Briefe aus Rilkes Frühzeit, in: *Euphorion* 61 (1967), S. 190 (an Max Halbe am 10. XII. 1895).

19 Ingeborg Schnack: Rainer Maria Rilke, S. 24.

20 C. Hirschfeld: Die Rilke-Erinnerungen von Valery von David-Rhonfeld, in: *Die Horen* 5, Band II (1928/29), S. 716f.

21 Rainer Maria Rilke: Sämtliche Werke. Dritter Band, S. 508.

22 Die Darstellung von Demetz bedarf nicht nur hinsichtlich der Einschätzung der *Larenopfer* der Korrektur, sondern auch im Blick auf den Lebensgang des jungen Rilke. So ist beispielsweise die Behauptung unrichtig, Rilke sei von der Militäroberrealschule Mährisch-Weißkirchen wegen einer Sittlichkeitsaffäre ausgeschlossen worden. (S. 40-43) Um diese Deutung vertreten zu können, muß Demetz den Wahrheitsgehalt der Selbstaussagen Rilkes über seine Militärschulerziehung in Abrede stellen und die amtlichen Dokumente und Erinnerungen von Mitzöglingen

ignorieren, die sich über diese Zeit erhalten haben. Tatsächlich wurde Rilke auf Wunsch seines Vaters vorzeitig aus der Anstalt entlassen, weil er offensichtlich erkannte, daß er einen Ausbildungsgang eingeschlagen hatte, der ihm nicht entsprach. Vgl. Byong-Ock Kim: Rilkes Militärschulerlebnis und das Problem des verlorenen Sohnes, Bonn 1973, S. 73-79.

23 Carl Sieber: René Rilke, S. 118 (an Ellen Key am 3. IV. 1904).

24 Ein von ihm selbst als »alberne Liebelei« bezeichnetes Verhältnis in Linz, das offenbar im Frühjahr 1892 zu seinem Abgang von der dortigen Handelsakademie führte (Carl Sieber: René Rilke, S. 110) und seinen Niederschlag in der Sammlung *Leben und Lieder* gefunden hat, kann in diesem Zusammenhang außer Betracht bleiben.

25 Daria A. Rothe, der eine Kopie der Briefe zugänglich war, die Rilke an Valerie geschrieben hat, berichtet, die Korrespondenz erstrecke sich vom 4. Januar 1893 bis zum Dezember 1895. Zu dem zuletzt erwähnten Datum stimmt auch die Erinnerung Valeries, sie habe, von dem Zeitpunkt an zurückgerechnet, an dem Rilkes Stück *Jetzt und in der Stunde unseres Absterbens* uraufgeführt worden sei (6. VIII. 1896), seit etwa einem halben Jahr keinen direkten Kontakt mehr mit ihm gehabt. (Daria A. Rothe: Rilke's Early Contacts with Czech and Jewish Prague, S. 718)

26 Carl Sieber: René Rilke, S. 72.

27 Die erhaltenen Schulzeugnisse aus dieser Zeit weisen keine Tschechisch-Noten auf. (Freundliche Auskunft des Rilke-Archivs in Gernsbach.)

28 Carl Sieber: René Rilke, S. 31.

29 Rainer Maria Rilke: Briefe zur Politik, hrsg. von Joachim W. Storck, Frankfurt/M. 1992, S. 12.

30 Peter Demetz: René Rilkes Prager Jahre, S. 151, vgl. 152.

31 So Václav Černý: Rainer Maria Rilke, Prag, Böhmen und die Tschechen, Prag 1966, S. 9f.

32 Jaroslava Patejdlová-Janíčková: Znali se Rilke se Zeyerem osobně?, in: *Sborník. Acta Musei Nationalis Pragae, Series C* 8, Nr. 2 (1963), S. 94 (an Ottilie Malybrock-Stieler am 2. III. 1896).

33 Václav Černý: Rainer Maria Rilke, S. 10.

34 Byong-Ock Kim: Rilkes Militärschulerlebnis, S. 41-44.

35 Vgl. die entsprechende Zeugnisliste in Byong-Ock Kim: Rilkes Militärschulerlebnis, S. 54.

36 Ebenda, S. 48.

37 Daria A. Rothe: Rilke's Early Contacts with Czech and Jewish Prague, S. 257f.

38 So schickte er im Februar 1896 Ottilie Malybrock-Stieler eine Nummer der *Lite-*

rární revue, weil darin ein Artikel über Julius Zeyer veröffentlicht war. Vgl. Jaroslava Patejdlová-Janíčková: Znali se Rilke se Zeyerem osobně?, S. 91.

39 Clara Mágr: Sprach Rilke tschechisch?, in: *Blätter der Rilke-Gesellschaft* 13 (1986), S. 87f. In der Unterredung, die der tschechische Schriftsteller Clara Mágr gewährte, hat er demnach seine 1940 in einem Erinnerungsartikel geäußerte Behauptung abgeschwächt, Rilke habe »einwandfrei« tschechisch gesprochen. Václav Černý mag also recht haben, wenn er meint, Jiří Karásek ze Lvovic habe in diesem Beitrag Rilkes Kenntnisse etwas übertrieben, um im weiteren Zusammenhang erklären zu können, dieser habe »verständnisvoll« die tschechische Zeitschrift *Moderní revue* gelesen. (Václav Černý: Rainer Maria Rilke, Prag, Böhmen und die Tschechen, S. 9)

40 Der Brief setzt voraus, daß die *Larenopfer* gerade erschienen waren, und liegt zeitlich früher als ein weiteres an Ottilie Malybrock-Stieler gerichtetes Schreiben, das auf den 14. II. 1896 datiert ist.

41 Jaroslava Patejdlová-Janíčková: Znali se Rilke se Zeyerem osobně?, S. 92. (Der Druck ist offenbar durch Lese- und Setzfehler entstellt, der Inhalt des Schreibens aber gleichwohl eindeutig.)

42 Zwei eindrucksvolle Beispiele erwähnt Clara Mágr: Sprach Rilke tschechisch?, S. 97.

43 In einer tschechischen Rezension der *Larenopfer*, die im April 1896 in der Zeitschrift *Rozhledy* erschien, heißt es, der junge Autor, obwohl in Prag geboren, spreche »nicht einmal gut tschechisch« und lese »tschechische Autoren in deutschen Übersetzungen«, vgl. Václav Černý: Noch einmal und anders: Rilke und die Tschechen, in: *Die Welt der Slaven. Halbjahresschrift für Slavistik* 22, 1 (N. F. I), S. 2. Diese Aussagen, die doch in einer gewissen Kenntnis der Lebensumstände Rilkes formuliert worden sein müssen, stimmen überraschend genau mit dessen Selbsteinschätzung in dieser Sache überein.

44 Václav Černý: Noch einmal und anders: Rilke und die Tschechen, S. 20 (Brief an Jan Chlup vom 19. XII. 1920).

45 Rainer Maria Rilke: Briefe über Politik, S. 9 (an Jaroslav Vrchlický am 29. I. 1896).

46 Zitiert bei Václav Černý: Noch einmal und anders: Rilke und die Tschechen, S. 2, vgl. 4.

47 Dazu, außer den erwähnten beiden Arbeiten Černýs, vor allem Rio Preißner: Rilke in Böhmen. Kritische Prolegomena zum altneuen Thema, in: Rilke heute. Beziehungen und Wirkungen, Frankfurt/M. 1975, S. 207-245.

48 Carl Sieber: René Rilke, S. 121.

49 Ebenda, S. 123.

50 Ebenda, S. 122.

51 C. Hirschfeld: Die Rilke-Erinnerungen Valery von David-Rhonfelds, S. 716.
52 Ebenda, S. 716 und 719.
53 In diesem Band S. 31 reproduziert.
54 Fürstin Marie von Thurn und Taxis-Hohenlohe: Erinnerungen an Rainer Maria Rilke, München, Berlin, Zürich (1933), S. 6 und 12.
55 Peter Demetz: René Rilkes Prager Jahre, S. 45.
56 C. Hirschfeld: Die Rilke-Erinnerungen Valery von David-Rhonfelds, S. 714.
57 Ebenda, S. 720.
58 Paul Leppin: Der neunzehnjährige Rilke, in: *Die Literatur. Monatsschrift für Literaturfreunde* 29, Heft 11 (August 1927), S. 633 (an Valerie am 4. XII. 1894).
59 Rainer Maria Rilke: Sämtliche Werke. Dritter Band, S. 498.
60 Paul Leppin: Der neunzehnjährige Rilke, S. 631 (an Valerie am 4. XII. 1894).
61 Ebenda, S. 632 (an Valerie am 4. XII. 1894).
62 C. Hirschfeld: Die Rilke-Erinnerungen Valery von David-Rhonfelds, S. 714f.
63 Vgl. Carl Sieber: René Rilke, S. 161-168 (an Cäsar Sedlakowitz am 9. XII. 1920).
64 Carl Sieber: René Rilke, S. 49 (an Lou Andreas-Salomé am 15. IV. 1904).
65 C. Hirschfeld: Die Rilke-Erinnerungen Valery von David-Rhonfelds, S. 715.
66 Ebenda, S. 715.
67 Daria C. Rothe: Rilke's Early Contacts with Czech and Jewish Prague, S. 257.
68 Ebenda, S. 256 (aber fälschlich auf das Abitur bezogen).
69 C. Hirschfeld: Die Rilke-Erinnerungen Valery von David-Rhonfelds, S. 714.
70 Paul Leppin: Der neunzehnjährige Rilke, S. 631 (an Valerie am 4. XII. 1894).
71 C. Hirschfeld: Die Rilke-Erinnerungen Valery von David-Rhonfelds, S. 715.
72 Daria C. Rothe: Rilke's Early Contacts with Czech and Jewish Prague, S. 255.
73 Paul Leppin: Der neunzehnjährige Rilke, S. 633 (an Valerie am 4. XII. 1894).
74 Daria C. Hirschfeld: Die Rilke-Erinnerungen Valery von David-Rhonfelds, S. 715.
75 Paul Leppin: Der neunzehnjährige Rilke, S. 633 (an Valerie am 4. XII. 1894).
76 Daria C. Hirschfeld: Die Rilke-Erinnerungen Valery von David-Rhonfelds, S. 716.
77 Daria C. Rothe: Rilke's Early Contacts with Czech and Jewish Prague, S. 256.
78 Carl Sieber: René Rilke, S. 112.
79 Peter Demetz: René Rilkes Prager Jahre, S. 118.
80 Bernhard Blume: Die Stadt als seelische Landschaft im Werk Rainer Maria Rilkes, in: *Monatshefte für deutschen Unterricht, deutsche Sprache und Literatur* 43, Nr. 2 (1951), S. 72.
81 Ebenda, S. 71.
82 August Stahl. Rilke-Kommentar zum lyrischen Werk. Unter Mitarbeit von Werner Jost und Reiner Marx, München 1978, S. 73.

83 Ebenda, S. 76.
84 Ebenda, S. 79.
85 Ebenda, S. 71.
86 Ebenda, S. 72.
87 Ebenda, S. 72.
88 Ebenda, S. 74.
89 Ebenda, S. 78 und 79.
90 Rainer Maria Rilke: Briefe zur Politik, S. 485 (an Eduard Korrodi am 20. III. 1926).
91 Ebenda, S. 657.
92 Ebenda, S. 429f.
93 Rainer Maria Rilke: Zwei Prager Geschichten. Verlag von A. Bonz & Comp. Stuttgart, in: R. M. R.: Sämtliche Werke, VI. Band: Malte Laurids Brigge. Prosa 1906-1926, (Frankfurt/M.) 1966, S. 1210 (Selbstanzeige).
94 Rainer Maria Rilke: Zwei Prager Geschichten und Ein Prager Künstler, hrsg. von Josef Mühlberger, Frankfurt/M. 1976, S. 39.
95 Aleksis Rannit: Rilke und die Slawische Kunst, in: Rainer Maria Rilke und die bildende Kunst, Baden-Baden 1951, S. 14.
96 Carl Sieber: René Rilke, S. 32 (an Clara Rilke am 1. XI. 1907).
97 Rainer Maria Rilke: Briefe über Politik, S. 430.
98 Rainer Maria Rilke: Briefe an Nanny Wunderly-Volkart, Band II. Im Auftrag der Schweizerischen Landesbibliothek und unter Mitarbeit von Nikolaus Bigler besorgt durch Rätus Luck, Frankfurt/M. 1977, S. 874.
99 Carl Sieber: René Rilke, S. 34 (an Clara Rilke am 1. XI. 1907).
100 Rainer Maria Rilke: Ein Prager Künstler, in: R.M.R.: Sämtliche Werke, V. Band: Worpswede. Rodin. Aufsätze, (Frankfurt/M.) 1965, S. 470f.
101 So 1924 in einem Gespräch mit seinem polnischen Übersetzer Witold Hulewicz, vgl. Erich Unglaub: *Epilog des Dichters.* Rilkes Brief zum Hulewicz-Interview in der *Prager Presse*, in: *Blätter der Rilke-Gesellschaft* 13 (1986), S. 70.
102 Carl Sieber: René Rilke, S. 34 (an Baron Ungern Sternberg am 26. VI. 1921).
103 Erich Unglaub: Epilog des Dichters, S. 73 (offener Brief an Otto Pick, der am 14. XII. 1924 in der *Prager Presse* veröffentlicht wurde).
104 Dazu Egon Schwarz: Die Prager Gesellschaft in Rilkes Frühwerk, in: Saggi di letteratura Praghese a cura di Marino Freschi, Napoli 1987, S. 105.
105 Alois Hofmann: Das Heimaterlebnis René Maria Rilkes, in: Weltfreunde. Konferenz über die Prager deutsche Literatur, hrsg. von Eduard Goldstücker, Prag, Berlin und Neuwied 1967, S. 212.
106 Rainer Maria Rilke: Briefe an Nanny Wunderly-Volkart, S. 874 (am 11. II. 1923).

107 Vgl. Ingeborg Schnack: Rainer Maria Rilke, S. 354 (an Katharina Kippenberg am 22. VIII. 1910: »schade, daß nun Prag kommen mußte, kaum zu atmen, dicht von abgestandenem Sommer und unbewältigter Kindheit«).

108 Rainer Maria Rilke: Briefe aus Muzot, Leipzig 1935, S. 114f. (an Rudolf Bodländer am 13. III. 1922).

109 Rainer Maria Rilke: Briefe aus den Jahren 1982 bis 1904, hrsg. von Ruth Sieber-Rilke und Carl Sieber, Leipzig 1939, S. 21.

ANMERKUNGEN ZU DEN TEXTEN UND DEN FOTOGRAFIEN

(Abbildungen ohne Herkunftsnachweis entstammen dem Archiv Hartmut Binders.)

4 Frontispiz: Rainer Maria Rilke als Student: Originalfoto, Rilke-Archiv, Gernsbach, München 1896/97.

10 *Im alten Hause* · Blick vom alten Königspalast auf Prag: Originalfoto auf Pappe, Ende 19. Jahrhundert.

12 *Auf der Kleinseite* · Das Palais Kaunitz auf der Kleinseite (Mostecká): Ansichtspostkarte, Originalfotografie, Sigmund Reach, Prag, Ende 19. Jahrhundert.

14 *Ein Adelshaus* · Haupteingang zur Prager Burg: Ansichtspostkarte, Originalfotografie, 1912.

16 *Der Hradschin* · Blick von der Karlsbrücke auf den Hradschin: Originalfotografie, Stengel & Markert, Dresden 1893.

18 *Bei St. Veit* · Die Südfront des St. Veitsdoms: Originalfotografie, F. Fridrich, Prag, um 1880.

20 *Im Dome* · Blick in den St. Veitsdom: Joseph Neuwirth: Prag. Zweite, völlig umgestaltete Auflage, Leipzig 1912, S. 39.

22 *In der Kapelle St. Wenzels* · Die Wenzelskapelle in St. Veit: Ansichtspostkarte, Originalfotografie, 20er Jahre.

24 *Vom Lugaus* · Blick auf den Haupteingang der Prager Burg: Zdeněk Wirth: Stará Praha, Praha 1941, Abbildung 28, um 1870.
»Lugaus ...«: Rainer Maria Rilke: Zwei Prager Geschichten und Ein Prager Künstler, hrsg. von Josef Mühlberger, Frankfurt/Main 1976, S. 39.

26 *Der Bau (1)* · Rilkes großelterliches Haus in der Herrengasse: Archiv hlavního města Prahy.
Balkon: Vgl. Carl Sieber: René Rilke. Die Jugend Rainer Maria Rilkes, Leipzig 1932, S. 56f. (fortan: S).

28 *Im Stübchen (2)* · Rilkes Geburtshaus (zweites Gebäude von links): Ansichtspostkarte, Lichtdruck, Prag 1899.
Siebenmonatkind: S 63 (Sophie Rilke an Rilke, 17. XII. 1922).
Katholikin: S 55, 69 und 72.
Göttliche: S 54 (Rilke an Clara Rilke am 4. IX. 1908).

30 *Zauber (3)* · Rilke als Gymnasiast: Památník národního písemnictví, Prag.
seit seinem neunten Lebensjahr: Vgl. Ingeborg Schnack: Rainer Maria Rilke: Chronik seines Lebens und seines Werkes. Erster Band, Frankfurt/M. 1975, S. 12 und 13.
»Ich war sechzehn . . .«: S 90 (An Clara Rilke am 14. VII. 1907).

32 *Ein anderes (4)* · Rilkes Eltern: Památník národního písemnictví, Prag.
mit großer Liebe: Vgl. Paul Leppin: Der neunzehnjährige Rilke, in: *Die Literatur. Monatsschrift für Literaturfreunde* 29, Heft 11 (August 1927), S. 631 (an Valerie von David-Rhonfeld am 4. XII. 1894).

34 *Noch eines (5)* · Valerie von David-Rhonfeld als Kind: Památník národního písemnictví, Prag.
Privatstunden: S 111f.

36 *Und das Letzte* · Das Portal des großelterlichen Hauses: Ansichtspostkarte, Originalfoto, F. Pavlík, Prag, um 1920.
St. Anne de Muzot: Vgl. S 56.

38 *Im Erkerstübchen (7)* · Rilkes Domizil in der Wassergasse (zweites Haus von links): Archiv hlavního města Prahy, um 1900.
auf eine hohe Mauerwand: C. Hirschfeld: Die Rilke-Erinnerungen Valery von David-Rhonfelds, in: *Die Horen* 5, Band II (1928/29), S. 715.

40 *Der Novembertag* · Blick von der Letna auf Prag: Ansichtspostkarte, Originalfoto, um 1915.

42 *Im Straßenkapellchen* · Die St. Barbara-Kapelle: Aufnahme: Hartmut Binder, 1988.

44 *Das Kloster* · Das Karmeliterinnen-Kloster auf dem Hradschin: Ansichtspostkarte, Lichtdruck, F. J. Jedlička, Prag, 1904.

46 *Bei den Kapuzinern* · Das Kapuziner-Kloster auf dem Hradschin: Ansichtspostkarte, Lichtdruck, Anfang 20. Jh.
Bericht: W. T. (Walter Tschuppik): Prager Einsamkeiten, in: *Prager Tagblatt* 38, Nr. 198 (21. VII. 1914), S. 2.

48 *Abend* · Blick auf Altstädter Brückenturm und Hradschin: Ansichtspostkarte, Originalfoto, Z. Brož, Prag, 20er Jahre.

50 *Jar. Vrchlický* · Jaroslav Vrchlický (1896): Památník národního písemnictví, Prag, Nr. 18698.
»Anerkennung«: Rainer Maria Rilke: Briefe zur Politik, hrsg. von Joachim W. Storck, Frankfurt/M. 1992, S. 9 (Brief an Jaroslav Vrchlický vom 20. I. 1896).
»Er hat eine ganz enorme Arbeit ...«: Rainer Maria Rilke: Briefe an Axel Juncker, hrsg. von Renate Scharffenberg, Frankfurt/M. 1979, S. 68.
Übersetzungen: Jaroslav Vrchlický: Episches und Lyrisches. Gedichte. Autorisierte Übersetzung von Ed.(mund) Grün. Mit Porträt des Dichters, Prag (A. Dominicus) 1894.
Jaroslav Vrchlický: Gedichte, ausgewählt und übersetzt von Friedrich Adler. Autorisierte Übersetzung, (Philipp Reclam) Leipzig 1895 (Universal-Bibliothek Nr. 3431).
Friedrich Adler (1857-1938) war damals der führende deutsch schreibende Autor in Prag. Edmund Grün kannte Rilke persönlich, vgl. Jaroslava Patejdlová-Janíčková: Znali se Rilke se Zeyerem osobně?, in: *Sborník. Národního Musea v Praze, Serie C* 8, Nr. 2 (1963), S. 91 (Rilke an Ottilie Malybrock-Stieler am 14. II. 1896).

52 *Im Kreuzgang von Loretto* · Prozessionsgang in Maria-Loretto: Archiv hlavního města Prahy.

54 *Der junge Bildner* · Das Gnadenbild in der Casa Santa: Ansichtspostkarte, Selbstverlag des Kapuzinerklosters, Prag, 1905/1910.
Gnadenbild: Vgl. (Jan Diviš): Maria-Loretto in Prag, Prag 1987, (S. 9).
»seiner deutlichen Vielfalt ...«: Ingeborg Schnack: Rainer Maria Rilke: Chronik seines Lebens und seines Werkes. Erster Band, Frankfurt/M. 1975, S. 13 (an eine Freundin am 17. III. 1926).

56 *Frühling* · Das Ballhaus im Kaisergarten: Archiv hlavního města Prahy, um 1900.
Kaisergarten: Wilhelm Klein: Der Kaisergarten, in: *Prager Tagblatt* 36, Nr. 134 (16. V. 1912), S. 2.
»Ich bin willenlos . . .«: Rainer Maria Rilke: Briefe an Baronesse von OE., New York 1945, S. 24 (am 23. III. 1896).

58 *Land und Volk* · Blick auf den Schloßberg bei Böhmisch-Kamnitz: Ansichtspostkarte, R. Wollmann, Böhmisch Kamnitz, um 1905.

60 *Der Engel* · Auf dem Malvazinka-Friedhof: Archiv hlavního města Prahy.
»Dort, wo die grünen Kreuze stehen . . .«: Rainer Maria Rilke: Zwei Prager Geschichten und Ein Prager Künstler, hrsg. von Josef Mühlberger, Frankfurt/M. 1961, S. 26f.

62 *Allerseelen I* · Allerseelen auf den Wollschaner Friedhöfen: *Český svět* 7, Nr. 9 (11. XI. 1910), unpaginiert.
»unbegreiflich ergreifend geblieben ist«: Ingeborg Schnack: Rainer Maria Rilke: Chronik seines Lebens und seines Werkes. Zweiter Band, Frankfurt/M. 1975, S. 892 (an Sophie Rilke am 24. I. 1924).

64 *Allerseelen II* · Verkaufsbuden vor den Wolschaner Friedhöfen: Archiv hlavního města Prahy, Anfang 20. Jh.

66 *Bei Nacht* · Blick auf Karlsbrücke und Altstadt: Ansichtspostkarte, Fotografie, Anfang 20. Jh.
Himmel: Vgl. Rainer Maria Rilke: Briefe aus den Jahren 1906-1907, Leipzig 1930, S. 108, über Paris: »über diese Stadt wölben sich die Himmel, die wirklichen Himmel in ihrer ganzen Weite: wie über dem Meer.« Und: Rainer Maria Rilke: Tagebücher aus der Frühzeit, Frankfurt/M. 1973, S. 195, über Rußland: »Land ist groß, Wasser ist etwas Großes, und groß vor allem ist der Himmel.«

68 *Abend* · Der Hradschin in der Abenddämmerung: Ansichtspostkarte, Originalfotografie, 20er Jahre.
»Dann steht nur noch der Turm . . .«: Rainer Maria Rilke: Zwei Prager Geschichten und Ein Prager Künstler, hrsg. von Josef Mühlberger, Frankfurt/M. 1976, S. 17.

70 *Auf dem Wolschan* · Auf den Wolschaner Friedhöfen: Archiv hlavního města Prahy.
St. Pölten: S 94f.
Alten jüdischen Friedhof: Vgl. Daria A. Rothe: Rilke's Early Contacts with Czech and Jewish Prague, in: *Cross Currents* 1982, S. 257.
72 *Wintermorgen* · Der Stadtpark mit dem Prager Hauptbahnhof: Muzeum hlavního města Prahy, Ende 19. Jh.
74 *Brunnen* · Brunnen in der Jungmannsgasse: Archiv hlavního města Prahy, 1922.
Griechischunterricht: Vgl. Ernst Zinn: Rainer Maria Rilke und die Antike. Vortrags-Folge, in: *Antike und Abendland* 3 (1948), S. 215.
76 *Sphinx* · Das k. k. Allgemeine Krankenhaus auf dem Karlsplatz: Ansichtspostkarte, Lichtdruck, Friedrich Ehrlich, Prag 1899.
Selbstmordabsichten: C. Hirschfeld: Die Rilke-Erinnerungen Valery von David-Rhonfelds, in: *Die Horen* 5, Band II (1928/1929), S. 714 und 716.
78 *Träume* · Der Altstädter Ringplatz: Ansichtspostkarte, Lichtdruck, um 1900.
80 *Maitag* · Frühling in den Kronprinz-Rudolfs-Anlagen: Koloriertes Glas-Dia, Anfang 20. Jh.
82 *König Abend* · Abendstimmung über Prag: Ansichtspostkarte, Originalfotografie, 20er Jahre.
»hin und zurück ...«: Ingeborg Schnack: Rainer Maria Rilke. Chronik seines Lebens und seines Werkes. Erster Band, Frankfurt/M. 1975, S. 10 (an Sidonie von Nadherny am 8. III. 1912).
84 *An der Ecke* · Prager Maronimann: Muzeum hlavního města Prahy.
86 *Heilige* · Die St. Nepomuk-Statue auf der Karlsbrücke: Ansichtspostkarte, kolorierter Lichtdruck, um 1905.
88 *Das arme Kind* · Altstädter Brückenturm mit Blick auf die Karlsbrücke: Ansichtspostkarte, Originalfotografie, 1914.
90 *Wenns Frühling wird* · Garten-Restaurant im Baumgarten: Ansichtspostkarte, kolorierter Lichtdruck, E. Jílovský, Prag, um 1910.
»Du weißt ...«: Paul Leppin: Der neunzehnjährige Rilke, in: *Die*

Literatur. Monatsschrift für Literaturfreunde 29, Heft 11 (August 1927), S. 631 (an Valerie von David-Rhonfeld am 4. XII. 1894).

92 *Als ich die Universität bezog* · Das Karolinum: Ansichtspostkarte, Fotografie, um 1905.

Nerven: Nachdem er die Reifeprüfung mit Auszeichnung bestanden hatte, schrieb Rilke an seine Freundin Valerie, der Arzt habe seinen »armen Nerven« eine Erholungsreise verordnet. Vgl. Daria A. Rothe: Rilke's Early Contacts with Czech and Jewish Prague, in: *Cross Currents* 1982, S. 264, Anmerkung 7.

94 *Superavit* · Am Bethlehemsplatz: Archiv hlavního města Prahy.

»erdrückt und erstickt«: Joachim W. Storck: Rilke als Staatsbürger der Tschechoslowakischen Republik, in: *Blätter der Rilke-Gesellschaft* 13 (1986), S. 43 (Rilke an die Gräfin Dobrzensky am 31. XII. 1921).

»Hochgeist«: Rainer Maria Rilke: Briefe zur Politik, hrsg. von Joachim W. Storck, Frankfurt/M. 1992, S. 13 (an Wilhelm von Scholz am 19. IV. 1897).

96 *Trotzdem* · Der Hungerturm auf dem Hradschin: Ansichtspostkarte, Lichtdruck, Carl Bellmann, Prag, 1904.

»Gefängnismauern«: S 165 (an Cäsar Sedlakowitz am 9. XII. 1920).

»Kirchhofsecke«: S 94 (an Clara Rilke am 11. III. 1907).

Schopenhauer: Ingeborg Schnack: Rainer Maria Rilke. Chronik seines Lebens und seines Werkes. Erster Band, Frankfurt/M. 1975, S. 23, vgl. 55.

98 *Herbststimmung* · Der Graben: Originalfotografie, Ende 19. Jh.

spazieren: S 111.

»Durch das Gewühl ...«: J.-F. Angelloz: Rainer Maria Rilke. Leben und Werk, München 1955, S. 43.

100 *An Julius Zeyer* · Julius Zeyer: Památník národního písemnictví, Prag, Nr. 3204.

»ich fühlte mich überreich belohnt ...«: Ingeborg Schnack: Rainer Maria Rilke. Chronik seines Lebens und seines Werkes. Erster Band, Frankfurt/M. 1975, S. 39 (an Ottilie Malybrock-Stieler im Januar 1896).

Toledo: Aus dem angeführten Brief Rilkes geht hervor, daß Zeyer ihm bei dem erwähnten Zusammentreffen die gerade erschienene tschechische Originalausgabe seiner *Drei Legenden vom Krucifix* geschenkt hat, die teilweise in Toledo spielen.

Erzählungen: Zeyer hatte seiner Lieblingsnichte aus Japan ein Geschenk mitgebracht, Rilke die Rückkehr Zeyers zum Anlaß eines Gedichts genommen. Vgl. Daria A. Rothe: Rilke's Early Contacts with Czech and Jewish Prague, in: *Cross Currents* 1982, S. 262.

102 *Der Träumer* · Blick auf das Strahower Kloster: Ansichtspostkarte, Originalfotografie, 20er Jahre.

in einem Brief: Rainer Maria Rilke. Briefe zur Politik, hrsg. von Joachim W. Storck, Frankfurt/M. 1992, S. 429f. (an Jean Strohl am 4. IX. 1924).

104 *Die Mutter* · Das neue deutsche Theater: Originalfoto, Karl Bellmann, Prag, um 1900.

»freie Bühne«: Rainer Maria Rilke: Briefe an Baronesse von OE., New York 1945, S. 22 (Brief an Láska von Oestéren vom 23. III. 1896).

106 *Unser Abendgang* · Der Karlshof: Ansichtspostkarte, Originalfotografie, 20er Jahre.

108 *Kajetán Tyl* · Kayetán Tyls Arbeitszimmer: Leinenalbum, F. Topič, Prag 1895.

Abbildung: Diese Ansichtspostkarte hat sich im Rilke-Archiv in Gernsbach erhalten.

110 *Volksweise* · Blick auf die ›Čechoslavische Ethnographische Ausstellung‹: Leinenalbum, F. Topič, Prag 1895.

»wie ein glockenstimmiger Sonntag . . .«: Rainer Maria Rilke: Briefe an Baronesse von OE., New York 1945, S. 39f. (am 21. V. 1896).

112 *Das Volkslied* · Adolf Liebscher bei der Arbeit: Národní galerie v Praze.

114 *Dorfsonntag* · Das Ausstellungslokal »Kravín« in Königliche Weinberge: Emanuel Poche/Zdeněk Wirth: Zmizelá Praha 4: Vyšehrad a zevní okresy Prahy, Praha 1947, Abbildung 30, um 1890.

116 *Mein Geburtshaus* · Das Harrachsche Palais: Archiv hlavního města Prahy.
Salon: S 55.
wie ein Mädchen: S 70f.
Zeugnislisten: S 75.

118 *In dubiis* · Tschechische Demonstration auf dem Altstädter Ringplatz: *Český svět* 4, Nr. 45 (21. VIII. 1908), unpaginiert.
»feindlichen Brudervolk«: Richard Dehmel: Dichtungen, Briefe, Dokumente, Hamburg 1963, S. 197 (Brief vom 21. XII. 1897 an R. D.).
St. Pölten: S 98.

120 *Barbaren* · Eingang zur Klamovka: Archiv hlavního města Prahy, um 1900.

122 *Sommerabend* · Schloß Groß-Rohosetz: Kolorierte Ansichtspostkarte, Lichtdruck, um 1900.
»Teufelsspuk«: Rainer Maria Rilke: Erzählungen und Skizzen aus der Frühzeit, Leipzig 1928, S. 389.

124 *Gerichtet* · Jan F. Gretsch: »Salvatorlegende« (1893): Národní galerie v Praze.
»fast ohne jedes ernstere Siechtum«: So der tschechische Nachruf in *Zlatá Praha* 1894, S. 399.
die Geister: Anton Gindely: Geschichte des dreißigjährigen Krieges, II. Abteilung: Der niedersächsische, dänische und schwedische Krieg bis zum Tode Gustav Adolfs 1622 bis 1632, Leipzig, Prag 1883, S. 259f.: »Am 22. November (1631) nahm der von den nach Prag zurückgekehrten Exulanten (...) zum Administrator erwählte Mr. (Magister) Samuel Martinius von Drazov von der Teinkirche Besitz und am selben Tage wurden auch die vom Wetter gebleichten Schädel der am 21. Juni 1621 Hingerichteten, die bisher auf dem Altstädter Brückenturme hingen, herabgenommen und zur Erde bestattet.«

126 *Das Märchen von der Wolke* · Rilkes Imprimatur für die »Larenopfer«: Original im Rilke-Archiv, Gernsbach.
zu Weihnachten: Vgl. Rainer Maria Rilke: Briefe an Baronesse von

OE., New York 1945, S. 14 (an Láska von Oestéren am 30. XII. 1895): »mein eben erschienenes Buch ›Larenopfer‹«.

»Dieser Liedercyklus . . .«: Jaroslava Patejdlová-Janíčková: Znali se Rilke se Zeyerem osobně?, in: *Sborník. Národního musea v Praze, Series C* 8, Nr. 2 (1963), S. 93 (an Ottilie Malybrock-Stieler, Anfang 1896).

128 *Freiheitsklänge* · Das Tschechische Nationaltheater: Ansichtspostkarte, Lichtdruck, um 1900.

»Streitpoeten«: Vgl. Peter Demetz: René Rilkes Prager Jahre, Düsseldorf 1953, S. 156 und 162.

»Accord des Friedens . . .«: Rainer Maria Rilke: Briefe zur Politik, hrsg. von Joachim W. Storck, Frankfurt/M. 1992, S. 9 (an Jaroslav Vrchlický am 19. I. 1896).

130 *Nachtbild* · Das neue deutsche Theater: Ansichtspostkarte, um 1900.

»endlos öden Bürgersteig«: Rainer Maria Rilke: Ewald Tragy, Frankfurt/M. 1989, S. 16, vgl. 13.

132 *Hinter Smichov* · Blick auf das Industriegelände von Smichow: Originalfoto auf Pappe, Ende 19. Jh.

Villa Excelsior: S 102.

134 *Im Sommer* · Moldaudampfer am Palacky-Quai: Ansichtspostkarte, Lichtdruck, um 1905.

Die Kirche in Slichow: Státní ústav památkové péče a ochrany přírody v Praze, Nr. 169 217.

138 *Am Kirchhof von Königssaal* · Blick auf Königssaal: Ansichtspostkarte, Lichtdruck, um 1900.

140 *Vigilien I* · Der Prager Hafen: Ansichtspostkarte, Prag, 1898.

142 *Vigilien II* · Der Glockenturm der St. Heinrichs-Kirche: Ansichtspostkarte, Lichtdruck, Carl Bellmann, Prag 1899/1900.

»Du warst ein lichter Flugstern . . .«: S 127.

144 *Vigilien III* · Die Kaiser Franz Josefs-Brücke: Ansichtspostkarte, Lichtdruck, um 1900.

»Ich muß an den Ring im Pflaster denken . . .«: S 42 (Brief an Ruth Rilke vom 1. XI. 1907).

146 *Vigilien IV* · Die St. Heinrichs-Kirche: Ansichtspostkarte, Lichtdruck, Carl Bellmann, Prag 1901.

Protestant: Vgl. Václav Černý: Rainer Maria Rilke, Prag, Böhmen und die Tschechen. Aus dem Tschechischen übersetzt von Jaromír Povejšil und Gitta Wolfová, Prag 1966, S. 82.

148 *Der letzte Sonnengruß* · Beneš Knüpfer »Der letzte Sonnengruß«: Národní galerie v Praze, 0-4595.

Knüpfer: Beneš Knüpfer 1844-1910, Praha 1984, S. 33 und 61, vgl. Abbildung 73.

150 *Kaiser Rudolf* · Das Lustschloß der Königin Anna: Ansichtspostkarte, Lichtdruck, um 1898.

Die Sternwarte im Prager Klementinum: Archiv hlavního města Prahy.

Aus dem Dreißigjährigen Kriege

154 *1. Krieg* · Relief auf der Karlsbrücke: Der hl. Prokop und der Teufel: Aufnahme: Hartmut Binder 1990.

156 *2. Alea jacta est* · Das Waldstein-Palais: Ansichtspostkarte, um 1905.

ein Gedicht: S 106, vgl. 73.

Anekdote: Friedrich Schiller: Sämtliche Werke, Band IV: Historische Schriften, München 1968, S. 643.

158 *3. Kriegsknechts-Sang* · Ignaz Platzer d. Ä.: Kämpfender Gigant (1766-1768): Ansichtspostkarte, Originalfotografie, um 1910.

Balladen: S 77.

160 *4. Kriegsknechts-Rang* · Das Matthias-Tor auf der Prager Burg: Ansichtspostkarte, Lichtdruck, um 1910.

Anton Gindely: Anton Gindely: Geschichte des dreißigjährigen Krieges in drei Abteilungen, Leipzig, Prag 1882 und 1883.

162 *5. Beim Kloster* · Klosterportal der barmherzigen Brüder: Ansichtspostkarte, Originalfotografie, F. Pavlík, Prag, um 1900.

164 *6. Ballade* · Blick auf Karlsbrücke und Hradschin: Ansichtspostkarte, Lichtdruck, F. J. Jedlička, Prag, um 1905.

Altstädter Mühlen: W. K. (Wilhelm Klein): Die Altstädter Mühlen, in: *Prager Tagblatt* 34, Nr. 79 (20. V. 1910), S. 13f.

166 *7. Der Fenstersturz* · Die Landtagsstube im alten Königspalast: Ansichtspostkarte, Lichtdruck, um 1900.
»landüblichen Brauch«: Friedrich Schiller: Sämtliche Werke, Band IV: Historische Schriften, München 1968, S. 385.

168 *8. Gold* · Die Kleinseite: Ansichtspostkarte, Originalfotografie, Tom. Vojta, Prag, 1914.

170 *9. Szene* · Totenbretter – im Hintergrund der Arber: Ansichtspostkarte, Originalfotografie, J. Seidel, Krummau.
in soldatischem Geist: S 103, 73, 104, 77 und 102.
»Der Militärstand ...«: S 103 (an Sophie Rilke).

172 *10. Feuerlilie* · Eisgang auf der Moldau bei Slichow: Fotografie, Anfang 20. Jh.
»Vorrede«: S 105.

174 *11. Beim Friedland* · Die Loggia im Waldstein-Palais: Ansichtspostkarte, Originalfotografie, Tom. Vojta, Prag 1914.
Schiller: Friedrich Schiller: Sämtliche Werke, Band IV: Historische Schriften, München 1968, S. 555f.

176 *12. Frieden* · Kampf der Studenten auf der Karlsbrücke gegen die Schweden: Ansichtspostkarte, Originalfotografie, Anfang 20. Jh.

178 *Bei den Ursulinen* · Die Ferdinandstraße mit dem Ursulinerinnen-Kloster: Ansichtspostkarte, Lichtdruck, Anfang 20. Jh.
»unvergleichlichen Viertel«: Rainer Maria Rilke: Briefe zur Politik, hrsg. von Joachim W. Storck, Frankfurt/M. 1992, S. 429 (an Jean Strohl am 4. IX. 1924, im Original französisch).

180 *Aus der Kinderzeit* · Helene von Kutschera-Woborsky (rechts): Rilke-Archiv, Gernsbach.
Die Villa Koulka in Smichow: Státní ústav památkové péče a ochrany přírody v Praze, Nr. 7897, 1912.

184 *Rabbi Löw ⟨1⟩* · Das Innere der Alt-Neu-Synagoge: Ansichtspostkarte, Originalfoto, Anfang 20. Jh.
»Sippurim«: Sippurim, eine Sammlung jüdischer Volkssagen, Erzählungen, Mythen, Chroniken, Denkwürdigkeiten und Biographien berühmter Juden aller Jahrhunderte, insbesondere des Mittelalters.

Unter Mitwirkung rühmlichst bekannter Schriftsteller herausgegeben von Wolf Pascheles, 3. Auflage, Prag 1858.
Die von Rilke verwendete Sage leicht zugänglich in: Die goldene Gasse. Jüdische Sagen und Legenden. Auswahl aus den Sippurim, hrsg. und sprachlich neu gefaßt von Heinz Politzer, Wien und Jerusalem o. J., S. 30-32.

186 *Rabbi Löw ⟨2⟩* · Die Plattner-Gasse (Platnéřská) im Prager Ghetto: Ansichtspostkarte, Lichtdruck, um 1900.

188 *Rabbi Löw ⟨3⟩* · Das Grab des Rabbi Löw auf dem Alten jüdischen Friedhof: Státní ústav památkové péče a ochrany přírody v Praze, Nr. 15 876.

190 *Die alte Uhr* · Die astronomische Uhr am Altstädter Rathausturm: Ansichtspostkarte, kolorierter Lichtdruck, F. J. Jedlička, um 1909.
astronomische Uhr: Vgl. Prag und Umgebung mit Angaben für Automobilisten, 21. Auflage, Berlin 1930, S. 68, und Anton Michalitschke: Die alte Rathausuhr in Prag, in *Deutsche Arbeit* 7, Heft 11 (August 1908), S. 686.

192 *Kämpfen I* · Die Muttergotteskapelle im Kloster Emaus: Ansichtspostkarte, Lichtdruck, um 1910.

194 *Siegen II* · Kloster und Krankenhaus der Barmherzigen Schwestern: Ansichtspostkarte, Lichtdruck, um 1905.

196 *Im Herbst* · Blick auf den Laurenziberg: Ansichtspostkarte, Lichtdruck, Carl Bellmann, Prag, 1899.

198 *Der kleine ›Dráteník‹* · Slowakische Rastelbinder bei der Arbeit: *Český lid* 7 (1898), S. 159.

200 *In der Vorstadt* · Prager Leichenwagen: Muzeum hlavního města Prahy.
»ew'ge Nacht«: S 83.
»unbeschreiblich ergreifend«: Ingeborg Schnack: Rainer Maria Rilke, Zweiter Band, S. 892 (an Sophie Rilke am 24. I. 1924).

202 *Mittelböhmische Landschaft* · Lautschin (Loučeň): Ansichtspostkarte, Lichtdruck, um 1898.
»In Lautschin . . .«: Ingeborg Schnack: Rainer Maria Rilke. Chronik

seines Lebens und seines Werkes. Erster Band, Frankfurt/M. 1975, S. 378 (an Rosa Schobloch am 11. VIII. 1911).

204 *Bei St. Heinrich* · Grabplatte in der St. Heinrichs-Kirche: Aufnahme: Hartmut Binder, 1988.
»Das Pferd . . .«: S 78.

206 *Das Heimatlied* · Das Geburtshaus Kajetán Tyls in Kuttenberg (Kutná Hora): Ansichtspostkarte, Lichtdruck, um 1905.

VERZEICHNIS DER GEDICHTE UND FOTOGRAFIEN

Rainer Maria Rilke
im Insel Verlag und im Suhrkamp Verlag

Sämtliche Werke. 6 Bände. Herausgegeben vom Rilke- Archiv. In Verbindung mit Ruth Sieber-Rilke besorgt durch Ernst Zinn. Leinen, Leder und insel taschenbuch in Kassette (it 1101-1106)

Band I: Erste Gedichte. Die frühen Gedichte. Die weiße Fürstin. Die Weise von Liebe und Tod des Cornets Christoph Rilke. Das Stundenbuch. Das Buch der Bilder. Neue Gedichte. Der Neuen Gedichte anderer Teil. Requiem. Das Marien-Leben. Duineser Elegien. Die Sonette an Orpheus. (it 1101)

Band II: Verstreute und nachgelassene Gedichte aus den Jahren 1906-1926. Gedichte in französischer Sprache. (it 1102)

Band III: Leben und Lieder (1894). Christus-Visionen (1896). Dir zur Feier (1898). Frühwerke in ursprunglicher Gestalt. Jugendgedichte aus dem Nachlaß (bis 1905). (it 1103)

Band IV: Frühe Erzählungen und Dramen (1893-1902). (it 1104)

Band V: Worpswede. Rodin. Besprechungen, Aufsätze und Betrachtungen (1893-1905). (it 1105)

Band VI: Malte Laurids Brigge. Kleine Schriften (1906-1926). ›Gedichte in Prosa‹ und Verwandtes. (it 1106)

Werke in drei Bänden. Eingeleitet von Beda Allemann. Leinen

Einzelausgaben

Am Leben hin. Novellen und Skizzen 1898. Mit Anmerkungen und einer Zeittafel. it 863

Die Aufzeichnungen des Malte Laurids Brigge. Leinen, BS 343 und it 630

Auguste Rodin. Mit 96 Abbildungen. it 766

Aus dem Nachlaß des Grafen C. W. Ein Gedichtkreis. Gebunden

Ausgesetzt auf den Bergen des Herzens. Gedichte aus den Jahren 1906 bis 1926. it 98

Ausgewählte Gedichte. Einschließlich der ›Duineser Elegien‹ und der ›Sonette an Orpheus‹. Auswahl und Nachwort von Erich Heller. BS 184

Der ausgewählten Gedichte erster Teil. Ausgewählt von Katharina Kippenberg. IB 400

Der ausgewählten Gedichte anderer Teil. Ausgewählt von Katharina Kippenberg. IB 480

56/1/9.93

Rainer Maria Rilke
im Insel Verlag und im Suhrkamp Verlag

Das Buch der Bilder. Des ersten Buches erster Teil. Des ersten Buches zweiter Teil. Des zweiten Buches erster Teil. Des zweiten Buches zweiter Teil. it 26

Bücher. Theater. Kunst. Aufsätze aus den Jahren 1896–1905. Herausgegeben von Richard von Mises. BS 1068

Die Dame mit dem Einhorn. Herausgegeben und mit einem Nachwort von Egon Olessak. Mit zwölf farbigen Abbildungen. IB 1001

Duineser Elegien. Gebunden

Duineser Elegien. Die Sonette an Orpheus. it 80

Erste Gedichte. Larenopfer. Traumgekrönt. Advent. it 1090

Die Erzählungen. Leinen

Ewald Tragy. Mit einem Nachwort von Richard von Mises. it 1142

Frühe Gedichte. it 878

Gedichte. Aus den Jahren 1902 bis 1917. Taschenbuchausgabe der 1931 als Privatdruck erschienenen Edition der Handschrift Rainer Maria Rilkes. Illustriert von Max Slevogt. it 701

Gedichte aus den späten Jahren. Herausgegeben von Franz-Heinrich Hackel. it 1178

Die Gedichte in einem Band. Leinen

Geschichten vom lieben Gott. Illustrationen von E. R. Weiß. it 43 und Großdruck, it 2313

In einem fremden Park. Gartengedichte. Zusammengetragen von Marianne Beuchert. Mit zwölf farbigen Bildern von Marion Nickig. IB 1129

Lektüre für Minuten. Gedanken aus seinen Büchern und Briefen. Herausgegeben von Ursula und Volker Michels. Pappband

Die Letzten. Im Gespräch. Der Liebende. it 935

Die Liebenden. Die Liebe der Magdalena. Portugiesische Briefe. Die 24 Sonette der Louïze Labé. it 355

Das Marien-Leben. IB 43

Neue Gedichte. Der Neuen Gedichte anderer Teil. it 49

Poèmes français. Mit einem Nachwort von Karl Krolow. Leinen

Rilke und Rußland. Briefe, Erinnerungen, Gedichte. Herausgegeben von Konstantin Asadowski. Aus dem Russischen von Ulrike Hirschberg. Leinen

Rilkes Landschaft. In Bildern von Regina Richter, zu Gedichten von Rainer Maria Rilke. Mit einem Nachwort von Siegfried Unseld. it 588

56/2/9.93

Rainer Maria Rilke
im Insel Verlag und im Suhrkamp Verlag

Die Sonette an Orpheus. Mit einem Nachwort von Ulrich Fülleborn. BS 634

Das Stunden-Buch, enthaltend die drei Bücher: Vom mönchischen Leben. Von der Pilgerschaft. Von der Armut und vom Tode. it 2

Tagebücher aus der Frühzeit. Herausgegeben von Ruth Sieber-Rilke und Carl Sieber (1942). Leinen

Das Testament. Faksimile der Handschrift aus dem Nachlaß. Im Anhang Transkription der Handschrift. Erläuterungen und Nachwort von Ernst Zinn. Die Edition besorgte Ernst Zinn. Herausgegeben im Auftrag der Rilkeschen Erben und des Rilke-Archivs. Leinen

Das Testament. Edition und Nachwort von Ernst Zinn. BS 414

Über den jungen Dichter und andere kleine Schriften aus den Jahren 1906 bis 1926 in zeitlicher Folge. it 340

Übertragungen. Herausgegeben von Ernst Zinn und Karin Wais. Leinen

Vom Alleinsein. Geschichten, Gedanken, Gedichte. Herausgegeben von Franz-Heinrich Hackel. it 1216

Die Weise von Liebe und Tod des Cornets Christoph Rilke. Reprint des ersten Insel-Bücherei-Bandes von 1912. IB 1

Worpswede. Fritz Mackensen. Otto Modersohn. Fritz Overbeck. Hans am Ende. Heinrich Vogeler. Mit zahlreichen Abbildungen und Farbtafeln im Text. it 1011

Zwei Prager Geschichten und ›Ein Prager Künstler‹. Mit Illustrationen von Emil Orlik. Herausgegeben von Josef Mühlberger. it 235

Rainer Maria Rilke / Karl Krolow: Les Fenêtres. Die Fenster. Mit 3 Originalradierungen von Christian Mischke. Numerierte und auf 750 Exemplare limitierte Auflage. Leinen in Kassette

Briefe

Briefe in einem Band. Herausgegeben vom Rilke-Archiv in Weimar. In Verbindung mit Ruth Sieber-Rilke besorgt durch Karl Altheim. 2. Auflage mit revidiertem Register. Vollständige Neuausgabe der früher zweibändigen Ausgabe. Leinen

Briefe. 3 Bde. in Kassette. Herausgegeben vom Rilke-Archiv in Weimar in Verbindung mit Ruth Sieber-Wilke. Besorgt durch Karl Altheim. it 867

Briefe an Axel Juncker. Herausgegeben von Renate Scharffenberg. Leinen

Briefe an die Mutter. Herausgegeben von Hella Sieber-Rilke. BS 897

Briefe an eine junge Frau. Mit einem Nachwort von Carl Sieber. IB 409

56/3/9.93

Rainer Maria Rilke
im Insel Verlag und im Suhrkamp Verlag

Briefe an einen jungen Dichter. Mit einer Einleitung von Franz Xaver Kappus. IB 406 und BS 1022

Die Briefe an Gräfin Sizzo. 1921-1926. Herausgegeben von Ingeborg Schnack. Leinen und it 868

Briefe an Nanny Wunderly-Volkart. Im Auftrag der Schweizerischen Landesbibliothek und unter Mitarbeit von Niklaus Bigler, besorgt durch Rätus Luck. 2 Bde. Leinen

Briefe über Cézanne. Herausgegeben von Clara Rilke. Besorgt und mit einem Nachwort versehen von Heinrich Wiegand Petzet. Mit siebzehn farbigen Abbildungen. Leinen und it 672

Briefe zur Politik. Herausgegeben von Joachim W. Storck. Leinen

Briefwechsel mit Lou Andreas-Salomé. Herausgegeben von Ernst Pfeiffer. Leinen

Briefwechsel mit Anita Forrer 1920-1926. Herausgegeben von Magda Kerényi. Leinen

Briefwechsel mit Hugo von Hofmannsthal 1899-1925. Herausgegeben von Rudolf Hirsch und Ingeborg Schnack. Leinen

Briefwechsel mit Inga Junghanns. Herausgegeben von Wolfgang Herwig. Leinen

Briefwechsel mit Katharina Kippenberg. Mit acht Abbildungen und zwei Faksimiles. Leinen

Briefwechsel mit Helene von Nostitz. Herausgegeben von Oswalt von Nostitz. Leinen

Briefwechsel mit Marie von Thurn und Taxis. 2 Bde. Besorgt durch Ernst Zinn. Mit einem Geleitwort von Rudolf Kassner. Leinen

Briefwechsel mit Regina Ullmann und Ellen Delp. Herausgegeben von Walter Simon. Leinen

Rainer Maria Rilke und Stefan Zweig in Briefen und Dokumenten. Herausgegeben von Donald A. Prater. Leinen

Briefwechsel. Herausgegeben von Ernst Pfeiffer. it 1217

Briefwechsel. Mit Briefen von und an Clara Rilke-Westhoff. Herausgegeben von Theodore Fiedler. Leinen

Briefwechsel 1906–1914. Herausgegeben von Barbara Glauert-Heße. it 1537

Rainer Maria Rilke / Marina Zwetajewa: ›Wenn jemand uns zusammen träumt, dann treffen wir uns.‹ Ein Gespräch in Briefen. Herausgegeben von Konstantin Asadowskij. Aus dem Russischen übersetzt von Angela Martini-Wonde. Leinen

56/4/9.93

Rainer Maria Rilke
im Insel Verlag und im Suhrkamp Verlag

Übertragungen

Elizabeth Barrett-Browning: Sonette aus dem Portugiesischen. Englisch und deutsch. Übertragen von Rainer Maria Rilke. IB 252

André Gide: Die Rückkehr des verlorenen Sohnes. Übertragen aus dem Französischen von Rainer Maria Rilke. BS 591

Portugiesische Briefe. Die Briefe der Marianna Alcoforado. Übertragen von Rainer Maria Rilke. IB 74

Paul Valéry: Eupalinos oder Der Architekt. Eingeleitet durch »Die Seele und der Tanz«. Aus dem Französischen von Rainer Maria Rilke. Die Übertragung von Rainer Maria Rilke wurde durchgesehen und kommentiert von Karin Wais. BS 370

Paul Valéry: Gedichte. Französisch und deutsch. Übertragen von Rainer Maria Rilke. BS 992

Die vierundzwanzig Sonette der Louïze Labé. Lyoneserin 1555. Übertragen von Rainer Maria Rilke. IB 222

Zu Rainer Maria Rilke

Rilkes Leben und Werk im Bild. Bearbeitet von Ingeborg Schnack. Mit einem biographischen Essay von J. R. von Salis. Leinen und it 35

Rainer Maria Rilke. Leben, Werk und Zeit in Texten und Bildern. Herausgegeben von Horst Nalewski. Mit zahlreichen Abbildungen. Leinen

Rilke in Spanien. Briefe, Gedichte, Tagebücher. Herausgegeben von Eva Söllner. Mit farbigen Abbildungen. it 1507

Lou Andreas-Salomé: Rainer Maria Rilke. Mit acht Bildtafeln im Text. Herausgegeben von Ernst Pfeiffer. it 1044

Hartmut Engelhardt: Der Versuch, wirklich zu sein. Zu Rilkes sachlichem Sagen.

Insel-Almanach auf das Jahr 1986. Rilke und die bildende Kunst. Herausgegeben von Gottfried Boehm. Kartoniert

Mit Rilke durch das alte Prag. Herausgegeben von Hartmut Binder. Mit zahlreichen Abbildungen. it 1489

›Das Tagebuch‹ Goethes und Rilkes ›Sieben Gedichte‹. Erläutert von Siegfried Unseld. IB 1000

Fürstin Marie von Thurn und Taxis- Hohenlohe: Erinnerungen an Rainer Maria Rilke. Deutsche Ausgabe besorgt von Georg H. Blockesch. IB 888

56/5/9.93